家庭教育指导精品丛书

教子有方

高中版

JIAOZIYOUFANG

联合编写
广东省妇女联合会
广东省教育系统关心下一代工作委员会
广东省家庭教育研究会

SPM 南方传媒
全国优秀出版社
全国百佳图书出版单位
广东教育出版社
·广 州·

图书在版编目（CIP）数据

教子有方. 高中版 / 李季执行主编. — 广州：广
东教育出版社，2022.1（2022.8重印）
（家庭教育指导精品丛书）
ISBN 978-7-5548-4669-8

Ⅰ. ①教… Ⅱ.①李… Ⅲ.①高中生—家庭教育
Ⅳ. ①G78

中国版本图书馆CIP数据核字（2021）第260296号

出 版 人：朱文清
策划编辑：张翠君　王晓晨　巢　琳
责任编辑：王晓晨　巢　琳　刘　帅
责任校对：钟　怡　林晓珊
责任技编：姚健燕
装帧设计：苏永基

广东教育出版社出版发行
（广州市环市东路472号12–15楼）
邮政编码：510075
网址：http://www.gjs.cn
广东新华发行集团股份有限公司经销
广州市岭美文化科技有限公司印刷
（广州市荔湾区花地大道南海南工商贸易区A幢）
787毫米×1092毫米　16开本　10.75印张　215 000字
2022年1月第1版　2022年8月第2次印刷
ISBN 978-7-5548-4669-8
定价：35.00元

质量监督电话：020-87613102　邮箱：gjs-quality@nfcb.com.cn
购书咨询电话：020-87615809

丛书编委会名单

主　任：顾作义　孙小华

副主任：王玉学　李　季

编　委：朱　佳　朱海燕　祁丽珠

丛书执行主编：李　季

本册执行主编：梁刚慧

本 册 副 主 编：杨青兰

本册编写人员：钟剑涛　张意珠　屈迪扬　刘习洪　莫春香　蒋嘉骏

　　家庭是人生启航的地方，是孩子成长的摇篮，是孩子生活的第一所学校。家长是孩子的第一任教师，家庭教育是人才培养的奠基工程。家庭教育与学校教育、社会教育构成了现代化教育的三大工程。在这三大工程中，家庭教育是国民教育的重要组成部分，是基础教育的基石。家庭教育是幼儿教育的起点，是教育这座高楼大厦的地基，也是教育这棵参天大树的根本。

　　中国历来重视家庭教育，把家庭教育作为孩子成长的基础性教育，留下了如"子不教，父之过""教妇初来，教儿婴孩""人生至乐无如读书，至要无如教子"等古训，一些富贵之家力图用良好的家教，树立良好的门风，走出"富不过三代"的怪圈。近读《红楼梦》，我不禁感叹这是一本讲述家教的名著。贾府的衰落有多方面的原因，其中之一是"儿孙一代不如一代""后继无人"，贾府的后人基本上不成才、不成器，这是与贾府的家风、家教紧密相连的。贾府中的长辈没有做出好的示范，贾母每天吃喝玩乐，贾府的老爷少爷们或是贪财好色，或是偷鸡戏狗，或是骄奢淫逸，甚至贪赃枉法，无恶不作。这些长辈如此失德、无才，无法教育好子女和管理好下人。而贾府的家教方法更是离谱，贾政信奉的是"棍棒教育"，对宝玉常常训斥，甚至殴打；而贾母、王夫人则走向另一个极端，对他溺爱、放纵。小说中薛家的没落也是如此，薛蟠为非作歹，屡次打死人，这也与薛姨妈对他的过度放纵有关。这些充分说明有什么样的家长，就会教育出什么样的子女。

蔡元培先生在《中国人的修养》里说："家庭者，人生最初之学校也。一生之品性，所谓百变不离其宗者，大抵胚胎于家庭中。"

一个民族、一个国家的竞争，说到底是人才的竞争。我认为准确地说应该是家长的竞争，家长的素质、修养决定了孩子的品质和未来。

众所周知，许多岗位的员工必须经过学习，考核达标了以后才能持证上岗，这是他们胜任某项工作的证明。遗憾的是，家长未经考核便能上岗。许多人成为家长以后，往往对孩子既不会"养"，也不会"育"。对家长来说，"养育"二字看似轻松，实则沉重。有些家长因为不会教育孩子，而使孩子走了弯路，甚至走上邪路，成为家庭之痛、家庭之悔、社会之害。为此，培育和造就合格的、优秀的家长是时代的课题。

党的十八大以来，习近平多次在不同的场合强调要加强家教、家风建设。

2013年10月，习近平在同全国妇联第十一届领导班子成员集体谈话中指出："千千万万个家庭的家风好，子女教育得好，社会风气好才有基础。"

在2015年的春节团拜会上，习近平深情地吟诵了《游子吟》："慈母手中线，游子身上衣。临行密密缝，意恐迟迟归。谁言寸草心，报得三春晖。"这首诗触动了无数人的心弦。正是在这次讲话中，习近平指出："不论时代发生多大变化，不论生活格局发生多大变化，我们都要重视家庭建设，注重家庭、注重家教、注重家风……努力使千千万万个家庭成为国家发展、民族进步、社会和谐的重要基点，成为人们梦想启航的地方。"

2016年，习近平在会见第一届全国文明家庭代表时，又强调："要动员社会各界广泛参与家庭文明建设，推动形成爱国爱家、相亲相爱、向上向善、共建共享的社会主义家庭文明新风尚。"

习近平关于注重家庭、注重家教、注重家风的系列讲话，传承和弘扬了中国的家教思想，着眼于国家富强和民族复兴的未来，表达了千千万万个家庭的心声。

为帮助广大家长树立正确的家庭教育观念、态度，掌握家庭教育的知识、方法，提升家长的素质、能力，促进家校共育，造就德智体美劳全面发展的新人，我们组织了广东省的家教专家对2014年出版的广东省家庭教育指导用书——《教子有方》进行了较大幅度的修编。

这次修编以全国妇联、教育部、中央文明办等部门印发的《全国家庭教育指导大纲（修订）》为依据，立足新时代、新特点、新要求，以孩子的成长、成才、成功为主线，以培育孩子正确的世界观、价值观、道德观，养成好思想、好品德、好习惯、好人格为主要内容，遵循孩子的成长规律，回答了在孩子成长过程中家长应当关注的问题，为家长教育子女提供了系统的课程。这套丛书以0~18岁孩子的家长为主要对象，坚持"三大原则"，即基于孩子身心发展规律的科学成长性原则，基于家庭生活方式特点的亲情教养性原则，基于亲子教育素养提升的专业指导性原则，注重思想性、科学性，坚持以孩子为本、以家长为主体的新时代家庭教育理念，正确定位新时代家庭教育的价值导向、时代精神和发展重心。这套丛书有如下几个特点：

一是以立德树人为目标。把立德树人作为家庭教育的根本任务，培养孩子的家国情怀、优良品格、健全人格，营造健康、和谐、文明的家庭环境。

二是以新时代、新家教、新思路、新素养的总体思路为指导，补充、完善、增加适合新时代精神、新政策规范要求的内容，包括生命安全、心理健康、生涯规划、亲子共同成长、终身学习、家庭文明生态等内容。

三是以科学、专业、规范为理论指导，以亲子共同成长、家校协同共育、儿童自主发展为实践导向，致力于整体提升广大家长的家庭教育素养，为家长提供一套促进孩子身心健康发展的指导性课程和实用性用书，凸显家校共育广东特色和时代精神。

四是以发展性促进为遵循，促进孩子身、心、灵的全面发展。遵循孩子（0~18岁）身心发展规律，通过指导家长提升家庭教育素养，进而促进孩子连贯有序、健康协同地成长；针对孩子成长和家庭教育的常见问题，进行整体纵向设计和具体方法指导，形成一套亲、师、生共同成长的一体化家庭教育指导系统课程。

五是力求做到"道"与"法"的统一。既讲透家庭教育的规律，又传授家庭教育的方法，力求做到通俗易懂、实用有效、操作性强，适应不同文化背景、不同水平层次、不同年龄特点的家长的需要，在科学、专业的原理的基础上，提供适合所有学段学生的家长普遍需求的普适性、实用性、实效性指导教程。

"欲治其国者，先齐其家"是中国传统的教育思想，而"齐家"最重要的内容就是教育、培养好子女。正所谓"三代而上，教详于国；三代而下，教详于家"，家庭教育不但关系孩子的健康成长、家庭的幸福，而且关系国家的盛衰、民族的未来。广大家长应当重视"养"好子女，更重视"育"好子女。希望广大家长从这套丛书中汲取家教的精髓和智慧，提升家教的能力，与孩子共同成长，创造孩子幸福的人生，开拓家庭美好的未来，造就中华民族伟大复兴的栋梁之材！

感谢广东家庭教育研究会的鼎力相助，组织全省家教专家参与丛书的编写。在此，对各位专家的辛勤付出表示衷心的感谢！也希望广大家长对丛书的修编提出宝贵的意见。

顾作义

2021年6月1日

（作者系中共广东省委宣传部原副部长、省文明办原主任，

现为广东省志愿者联合会会长）

时代背景与编写意图

"家庭教育指导精品丛书"之《教子有方》（以下简称《教子有方》）是由广东省妇女联合会、广东省教育系统关心下一代工作委员会、广东省家庭教育研究会为提升0~18岁儿童家长的家庭教育能力，实行科学、规范、有序的和富有针对性、操作性、实效性的家庭教育指导而组织编写的序列性丛书。丛书共6本：《教子有方》（0~3岁版）、《教子有方》（幼儿版）、《教子有方》（小学版）、《教子有方》（初中版）、《教子有方》（高中版）、《教子有方》（中职版）。

《教子有方》整个编写过程历时三年，正值全国各地贯彻落实党和国家领导人关于"三个注重"（注重家庭、注重家教、注重家风）精神和教育部印发《教育部关于加强家庭教育工作的指导意见》及全国妇联、教育部、中央文明办等部门印发《全国家庭教育指导大纲（修订）》（以下简称《大纲》），以及《中华人民共和国家庭教育促进法》（文中简称《家庭教育促进法》）颁布的新时代。这是中国教育历史上家庭教育受到前所未有的重视的一个新时代。

贯彻落实新时代家庭教育政策法规精神，编写出一套富有时代精神，体现新时代家庭教育科学化、规范化、专业化、课程化取向，遵循儿童身心全面健康成长的特点与规律，满足不同类型家长进行科学的家庭教育的需求，适应各级各类家庭教育指导者开展科学专业的家庭教育指导，有力提升广大家长和家庭教育指导者能力水平的实用而有效的家庭教育指导丛书，增强家长家庭教育素养，推进新时代家庭教育事业和家庭教育指导专业的发展，落实家庭教育立德树人根本任务，是《教子有方》的编写宗旨。这是新时代赋予每一个家庭教育指导研究者、实施者和实践者的使命，也是改变当前家庭教育指导"江湖乱象"的需要。

《教子有方》的主要读者和授课对象是儿童的家长和家庭教育指导者。因此，为了充分保障指导课程内容的科学性、专业性、规范性，有效提高广大家长和家庭教育指导者的家庭教育基本素养，我们把坚持遵循儿童身心发展规律，尊重儿童家长及家庭教育指导者的实际能力水平需要，体现社会针对性、实践指导性和实用操作性的实施要求等作为丛书编写的基本原则。

指导思想与编写思路

新时代党和国家关于家庭教育的纲领性政策法规是我们编写《教子有方》的根本指导思想。其中，2019年5月14日颁布的《大纲》和2022年1月1日实施的《家庭教育促进法》是编写《教子有方》的两个最为重要的纲领性文件。

《大纲》以思想性、科学性、儿童为本、家长主体为指导原则，适用于各级各类家庭教育指导机构、相关职能部门、社会团体、宣传媒体和家庭教育指导者，对新婚夫妇、孕妇、18岁以下儿童家长(父母或其他监护人)开展的家庭教育指导服务行为。《大纲》提出，家庭教育是学校教育和社会教育的基础，家庭教育重在教孩子如何做人，家长是家庭教育的责任主体，家庭教育是家长和儿童共同成长的过程，家庭建设是家庭教育的重要保障，尊重儿童成长规律是家庭教育的前提，尊重和保护儿童权利是家庭教育的基础，家庭、学校、社会是促进儿童健康成长的共同体等八大核心理念。《大纲》指出，儿童发展既有连续性又有阶段性，家庭教育指导服务应依据儿童在不同发展阶段的特点开展。

《教子有方》是根据儿童各个年龄段身体心理行为形成发展的特点规律和依据《大纲》有关要求编写的。儿童各个成长阶段的身心发展是一个具有年龄阶段和持续发展特征的过程，具有双龄（年龄和学龄）并行、学段衔接（婴幼衔接、幼小衔接、小初衔接、初高衔接）和年级年段特点。以小学阶段孩子的家庭教育指导为例，家长应根据小学1~6年级各年级孩子的发展特点，重点关注孩子所在阶段的亲子教育内容：一年级（6~7岁），做好幼小适应性衔接，让孩子轻松愉快上学，养成良好的生活自理和学习的习惯；二年级（7~8岁），营造孩子成长需要的环境空间，帮助孩子养成"在校做好学生，在家做好孩子"的品行；三年级（8~9岁），营造孩子成长需要的社会性空间，提高孩子的责任感，培养其独立性、阅读兴趣和能力；四年级（9~10岁），增强孩子行为自控力和阅读能力；五年级（10~11岁），注重形成父子、母女组团期的亲子关系，提升孩子听说读写和思考的能力；六年级（11~12岁），尊重与倾听孩子的心理诉求，帮助孩子树立学习理想，做好小升初的学习和心理准备。

《家庭教育促进法》是新时代开展家庭教育指导的法律依据和实施纲领。《家庭教育促进法》明确规定，未成年人的父母或者其他监护人负责实施家庭教育。国家和社会为家庭教育提供指导、支持和服务。《家庭教育促进法》的颁布，标志着新时代家庭教育明确提出了"依法家教、立德树人、为国育儿"的新理念，意味着现代家庭教育已经形成从传统"家事"上升为"国事""社事"和"家国社"共同大事业的新格局，展示了新时代家庭教育正在走向以法治引领为重要举措、以社会主义核心价值观为主要内容、以立德树人为根本任务的新模式，呈现出"家庭责任、国家支持、社会协同"的国家家庭教育服务体系新样态。

《家庭教育促进法》明确定义了家庭教育，提出家庭教育的性质是成长教育，目的是促进孩子全面健康成长，基本教育方式是养成教育，规范表达了家庭教育的性质、目的和方式。同时，反映了家庭教育是促进儿童全面健康成长的养成教育，而学校教育是培养学生德智体美劳素质的全面发展教育。

在组织编写《教子有方》的过程中，我们依据《大纲》强调的家庭教育的思想性、科学性、儿童为本、家长主体的原则，尊重儿童成长规律、尊重和保护儿童权利、家校社促进儿童健康成长共同体等理念，与此同时，我们也一直密切关注《家庭教育促进法》论证调研、草案编制、意见征求、出台颁布的整个立法进程，编写内容也严格依照《家庭教育促进法》的依法家教、立德树人、为国育儿、家庭责任、尊重规律、生活指导等新时代家庭教育基本精神和核心理念。因此，从指导思想到具体内容，《教子有方》清晰明确并自始至终贯穿新时代家庭教育指导的基本理念——

依法家教是新时代家庭教育法则；

立德树人是家庭教育的根本任务；

为国育儿是家庭教育指导的使命；

全面健康成长是家庭教育的目的；

父母是负责实施家庭教育的主体；

源头教养是家庭教育指导的本义；

尊重成长规律是家庭教育的原则；

心理陪伴是亲子有效沟通的法宝；

亲子共同成长是家庭教育的愿景；

家校共育是新时代家庭教育取向。

编写理念与内容结构

《家庭教育促进法》的颁布让新时代中国家庭教育的规范化、科学化、一体化、协同化、专业化、课程化发展具有了法律规定性和权威指导性。落实《家庭教育促进法》的关键是提升家庭教育素养，尤其是提升家长的指导意识观念和能力技术，而提高的根本是家庭教育指导课程体系的建立和实施。家庭教育指导课程是家庭教育专业性与综合性、原理性与操作性、指导性与实践性的体现，是新时代家庭教育时代精神和实施效果的反映，是实施为国为家育儿与家庭立德树人的落脚点，是培训与培养儿童父母家庭教育专业能力和家长家庭教养能力自我提高的生长点。我们正是在这些新时代家庭教育理念的指导下，编制体现家庭教育科学性、专业性、指导性以及符合未成年人身心健康成长年龄特点和规律的适用于照护机构、幼儿园、中小学等的《教子有方》0～18岁儿童家庭教育指导手册系列课程。

0～3岁儿童。新婚期及孕期，做好怀孕准备；注重孕期保健；提倡自然分娩；做好育儿准备；提倡母乳喂养；鼓励主动学习儿童日常养育和照料的科学知识与方法；制订生活规则；丰富儿童感知经验；关注儿童需求；提供言语示范；提高安全意识；加强亲子陪伴；重视发挥家庭各成员角色的作用；做好入园准备。依据这些重点内容要求和0～3岁儿童身心发展特点和规律，《教子有方》（0～3岁版）基于"ECCE"（早期学习与关心）研究成果，构建以生活养育和亲子陪伴为主要内容的家庭教育指导课程体系。

3～6岁儿童。积极带领儿童感知家乡与祖国的美好；引导儿童关心、尊重他人，学会交往；培养儿童的规则意识，增强社会适应性；加强儿童营养保健和体育锻炼；丰富儿童感性经验；提高安全意识；培养儿童的生活自理能力和劳动意识；科学做好入学准备。依据这些重点内容要求和教育部印发的《3—6岁儿童学习与发展指南》精神，《教子有方》（幼儿版）构建以儿童学习与发展为主要内容的家庭教育指导课程体系。

6～12岁儿童。培养儿童朴素的爱国情感；提升儿童的道德修养；培养儿童珍惜生命、尊重自然的意识；培养儿童良好的学习习惯；培养儿童健康的生活习惯；培养儿童的劳动习惯；积极参与家校社协同教育。依据这些重点内容要求和小学孩子成长家校教育共同关注点，《教子有方》（小学版）构建以培育良好品行习惯为基础，以落实"立德树人根本任务"为核心内容的家庭教育指导课程体系。

12～15岁儿童。重视价值观教育；重视儿童青春期人格发展；增强儿童学习动力；提高儿童的信息素养；对儿童进行性教育；构建良好的亲子关系；重视生涯规划指导。依据这些重点内容要求和遵循初中孩子身心发展规律，《教子有方》（初中版）设置了4个单元的以青春期亲子共同成长为基本内容的家庭教育指导课程体系。

15～18岁儿童。引导儿童树立国家意识；培养儿童法治观念；提高儿童交往合作能力；培养儿童的责任意识；加强儿童美育；指导儿童以平常心对待升学。依据这些重点内容要求和高中孩子身心发展特点和规律，《教子有方》（高中版）构建以高中生家国情怀、理想责任、学业人生为主要内容的家庭教育指导课程体系。

《教子有方》（中职版）一书以中职生养成教育为宗旨，以中职生身体、心理发展特征为依据，构建以引导中职生学会学习、学会做事、学会交往、学会做人为主要内容的家庭教育指导课程体系。

《教子有方》丛书主编和各册主编及作者由家庭教育领域富有专业基础和组织能力的专家学者、教育行政和实践专家组成，以保障家庭教育指导内容、形式、方法的科学性、专业性、有序性和实效性。为适应新时代儿童父母、祖辈的需要和水平，实现整体提升社会各类型家长的家庭教育素养的目的，各分册内容结构由"单元"（儿童年段特征与核心素养）构成，单元由"讲"或"课"（家长关注点与关键能力）构成，编写组以儿童身心发展年龄特点和成长关键点及历程为主线，来安排每一讲（课）的指导内容。

《教子有方》内容结构聚焦和体现的正是《家庭教育促进法》的基本原则和主要方法。课程形式可以是线下讲座授课、线上网课、短视频等，以适应不同类型的学习对象和不同年龄段儿童的家长学习的需求。

李 季

2021年11月28日

目 录 /Contents

高中生像一叶叶小舟，充满希望地张开人生的风帆，慢慢地开始驶离父母精心呵护的港湾，驶进那烟波浩渺的人生海洋。这是一段值得骄傲和自豪的时光，人们把它比作黄金，喻为玫瑰。因为它是完成人生生理、心理、个性发展的重要阶段，是人们心智发育的高峰阶段，也是人生历程中充满生机、蓬勃向上的发展阶段。青春期后期的高中生具有以下几个基本特点。

学业方面：

面临压力。高中阶段的课业整体呈现知识量增大、理论性增强、系统性增强、综合性增强、能力要求增加的"五增"趋势，特别体现在数学、英语、物理、化学学科。面临升学考试，孩子可能会产生较大压力。甚至在成绩波动时产生自我怀疑和焦虑。

自我探索。高中生在高一学期末要进行选科，在选科决策中要思考自身兴趣、特长、高考志愿、未来从业意向等，需要他们充分地进行自我探索和外部探索，有意识地培养规划意识和能力。高中生对职业的选择出现较为理性的思考，逐步从幻想期进入预备期。

心理方面：

不平衡性。高中生的生理发展迅速走向成熟，而心理的发展却相对落后，在理智、情感、道德和社交等方面，都还未达到成熟的指标，还处在人格化的过程中。

动荡性。高中生心理发展的动荡性表现在知、情、意、行等各个方面。例如，他们思维敏锐，但片面性较大，容易偏激；他们热情，但容易冲动，有较大的波动性；他们的意志品质也在发展，但在克服困难时毅力还不够；在对社会、对他人与自我的关系上，容易出现困惑、苦闷和焦虑，对家长、教师表现出较普遍的逆反心理和行为。

自主性。高中生在心理和行为上表现出强烈的自主性，迫切希望从父母的束缚中解放出来，开始积极尝试脱离父母的保护和管理。

进取性。高中生精力充沛，血气方刚，反应敏捷，上进心强，不安于现状，富于进取，颇具"初生牛犊不怕虎"的劲头。

作为高中生家长，家庭教育指导的重点在于：更新教育方法，以身作则，提高素质，加强亲子对话，促进沟通，为孩子营造良好的家庭氛围（平等、民主、和睦、融洽）；指导孩子适应高中的学习与生活；识别孩子可能会遇到的安全隐患，教导他们正确对待异性交往，成为孩子健康成长的守护神；帮助孩子顺利度过高三关键期，指导其做好生涯规划；帮助孩子成为全面发展的人。

第一单元　高中生家长，你准备好了吗

孩子升入高中，无论对他自己还是对家长来说，都是一个全新的挑战。高中的学习、生活与初中有什么不一样？家长应该怎样面对升入高中的孩子，帮助他们顺利过渡到高中生活呢？

一、如何做好初高中的衔接

孩子从初中升到高中，会面临不少的变化，可能会不适应。这些不适应主要表现在不适应新环境、不适应人际关系和不适应学习三个方面。面对刚升上高一的孩子的种种不适应，作为家长，应如何应对？

 **案例阅读**

一天，在放学的时候，几位在校门口接孩子的家长聊了起来。小杨妈妈忧心忡忡地说："开学没多久，我女儿回来就抱怨说，高中学习紧张，课多、作业多，而老师又很少到课室辅导，现在除了上课，基本很难与科任老师交流。她第一次月测成绩竟然排到了班级二十多名，简直令人难以置信，中考成绩她可是排在班级前列的呀。"

"孩子的心情低落、烦躁，我又不知道如何开解她，劝她出去玩玩、散散心，她就吼我'作业都做不完，哪有时间出去玩呀'。可是她一回到家，拿起手机半天都放不下来，叫她赶紧做作业，她又不高兴地说'一个星期才回来一次，玩玩手机，放松一下都不行吗'。劝她做作业不行，带她出去玩，她也不感兴趣，我都不知道该如何教她了。她爸爸就劝我'孩子都上高中了，懂得比我们还多，不用管她'。"

"现在的高考政策为'3+1+2'，不再分文理科，我什么都不懂，孩子将来学什么专业，做什么工作，我心里一点底都没有。"

旁边的几位家长连忙劝说道："不懂没关系，学校里的老师会教，我们做好后勤保障就可以了。"

对于刚升入高一的孩子，他们面临着许多的变化，特别是课业的加重更容易让他们产生不适感。在这个时期，他们渴望得到家长和老师的包容与理解、支持与帮助。作为家长需要做好哪些初高中衔接的准备工作，帮助孩子顺利度过这一特殊时期呢？

孩子升入高一后，面对陌生的环境和新的学习生活，出现不适应的情况。小杨妈妈看到后，想指导孩子却不知如何下手，种种关心还引发孩子的不满和反感。像小杨妈妈这样的家长，对孩子很上心，也容易产生焦虑感。

家长要明白，孩子遇到这种情况是新生入学初期常见的现象，学习方式的改变使孩子一下子从过去被老师时时盯着的状态变成自主安排各科学习的状态，难免会手足无措。如果学习方式没有调整好，成绩产生波动，就会带来心理落差，也会让孩子对自己的学习能力产生怀疑，情绪变得烦躁易怒。

当家长看到孩子出现这样的情绪时，切忌过于紧张，更不要急于指责孩子，要给孩子一定的时间调整状态。家长更不要说"这么小的事，不值得生气（伤心）""想当年我如何如何"等诸如此类的话。随着时间的推移，绝大多数孩子能逐渐融入新集体，慢慢适应学校的学习与生活。如果孩子还是不能很好地适应，就需要及时和孩子与老师沟通，共同解决问题。家长不能盲目地把一切都推给学校和老师，毕竟父母的关怀和引导是学校教育替代不了的。

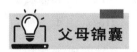

——· 成长原理 ·——

孩子升入高中，家长需要特别关注孩子的变化，尤其是心理方面的变化。

首先，压力增大。一方面，学业竞争激烈导致了压力增大。周围的同学都是来自各校的优秀学生，与这些学习成绩好的同学相比，孩子原有的那些骄傲感荡然无存。更让家长困惑和焦虑的是，孩子初中的成绩还不错，现在上课能听懂，课后作业也能认真完成，考试成绩却不理想。

出现以上问题的原因在于孩子的知识迁移能力较差，综合学习能力不强。高中的学习注重培养独立思考和解决问题的能力，需要独立去分析、总结学习中遇到的问题。如果孩子不能及时调整学习策略和方法，往往会陷入越学越难的局面，压力也随之增大。

另一方面，人际交往不畅导致压力增大。有的孩子之前没有住过校，生活自理能力较差，在生活事务上花费过多精力，学习时间变得紧迫起来。同时，宿舍作为高中生活的基本单位，不仅是住宿的场所，也是学习、娱乐和交往的重要场所。孩子们朝夕相处，很多私密袒露其间，舍友之间产生不愉快甚至冲突在所难免，鸡毛蒜皮的矛盾如果得不到及时化解，就会导致舍友间的矛盾激化，甚至爆发"战争"。

当学习与生活中出现较大的压力或挫折时，有的孩子容易产生沮丧或不满的情绪，甚至对自己的能力产生怀疑。但由于高中生自尊感增强，为了维护自身形象，在学校里会把不良情绪隐藏起来，回到家后，他们可能因一点小事就把这种不良情绪发泄到家人身上，家人无意间成了孩子的"情绪垃圾站"。

其次，自主意识增强。一方面，来到新学校，孩子认识新同学很容易，找到志同道合的朋友却有一定的难度。随着高中生自我意识和独立意识的增强，他们对朋友的要求比初中生要高，已经不满足于简单的共度时光，志趣相投、三观一致成了很重要的交友标准。同时，他们既有自己的见解，又很在意别人的眼光和看法，不会轻易表达自己的真实想法，从而影响交往的广度和深度。另一方面，孩子自我意识增强还表现在迫切想从父母的束缚中解放出来。他们强烈希望别人把他们看作成人，父母的关心在他们眼里很容易变成干涉和控制。如果家长还把他们当孩子看待，他们就会厌烦，甚至会产生逆反心理。像案例中，小杨妈妈提醒孩子抓紧时间做作业，不要玩手机，却引发了孩子的不满，就是这种心理变化的表现。

再次，对过往的依恋。刚进入新学校，面对陌生的人、事、物，不少孩子在感到新鲜好奇的同时，也会产生紧张、不安和孤独等情绪。他们怀念初中的老师和同学，觉得以前的老师和同学都很好，容易表现出对新学校的挑剔和不满，对新的管理制度也容易产生抵触心理。自控力较低的孩子，违纪的情况时有发生，从而影响学习。

———· 方法指导 ·———

俗话说"好的开始是成功的一半"，家长应该怎样帮助升入高中的孩子，使他们能顺利开启高中生活呢？家长可从以下两个方面进行调整。

第一，明白初高中衔接的内容

初高中衔接的内容主要包括环境适应、人际适应和学习适应三方面。

环境适应主要是对学校的整体环境，如课室、宿舍、饭堂等环境的适应过程，孩子需要调整作息、生活习惯和学习习惯等。

人际适应主要是师生关系和同学关系的适应。当进入一个新集体，面对陌生的老师和同学，产生孤独感和不安感是很正常的。鼓励孩子增强主动交往的意识，提升人际交往的技能是家长需要重点关注的内容。

学习适应主要包括学习内容、思维方式、学习方法等方面。高中相比初中，从学习内容来看，知识量增大，理论性、系统性和综合性增强，学科间知识相互渗透，加深了学习难度；从学习方法和思维方式上看，高中阶段的学习不仅需要大量记忆，还需要勤思善思，灵活运用，分析综合能力、抽象思维能力的要求大大提高。

第二，学习引导初高中衔接的方法

1. 提高孩子环境适应性

首先，锻炼孩子的独立性和自理能力。一方面，家长创造机会让孩子独立参加各种活动，特别是健康的文体活动，培养孩子的独立性；另一方面，通过让孩子多做家务、照顾家人或宠物等，增强自理能力。家长要管住自己的嘴和手，少说、少做，给孩子尝试和锻炼的机会。

其次，引导孩子对环境有更多的包容。很多学校宿舍条件一般，同住的同学也多，有的孩子会挑剔和不满，甚至抵触学校的各项管理制度。这种时候，家长要引导孩子接受现实条件，消除消极的情绪，专注于学习，不纠结于这些细枝末节。

2. 增强孩子人际适应性

首先，鼓励孩子主动与人交往。一方面，面对新的学校、老师和同学，家长引导孩子与人交往时，要主动诚恳，虚心请教，还要有不怕被拒绝的勇气；另一方面，鼓励孩子主动参加各种集体活动，在活动中增进了解，结交志同道合的朋友。

其次，培养孩子掌握人际交往的技巧。置身新的人际关系中，孩子渴望得到老师和同学的接纳与肯定。所以，家长除了鼓励孩子增强与人交往的勇气之外，还要引导孩子学会换位思考，不要以自我为中心，要注意倾听别人讲话，适度表达自己的想法和观点。

再次，努力营造和谐的家庭氛围。家庭是充满亲情的特殊教育环境，家人之间相互尊重、相互体谅，进行良好的人际互动，能够促使孩子在潜移默化中习得人际交往的技能。同时，这样的家庭氛围有助于孩子形成乐群、宽容、大方的人格品质，从而增加孩子的人际吸引力。

3. 改善孩子学习适应性

首先，保持平常心。孩子进入高一，学习上产生不适应的情况是很常见的。比如当孩子的成绩一下子没有达到理想状态时，家长要允许孩子的偶尔失败，引导孩子放下包袱、理性分析，及时调整学习方式。因为父母理性平和的心态，会在潜移默化中影响孩子。家长越着急，传递给孩子的信息越是"你有问题，你需要改变"，孩子也会不断强化家长的负面感受，从而变得更加焦虑和不安。

其次，增强孩子自我调节的能力。要引导孩子正确认识学习，使其明白学习不可能一帆风顺，也会有挫折、有烦恼，也会随之产生消极的情绪和体验，要让孩子明白挫折的发生有其必然性。同时，可以向孩子介绍一些情绪调节的方法，比如与人倾诉、运动宣泄、听音乐放松等，及时排解压力，增强孩子自我调节的能力。

再次，提醒孩子做好充分准备。一方面，鼓励孩子在暑假期间提前了解高中的学习特点和学习内容，比如在网上查找相关的资料，或者找一些正在上高中的亲朋好友现身说法，让孩子对高中学习提前有一定的了解；另一方面，进入高中后，注意引导孩子多进行学习反思，多和老师、同学沟通，不断调整学习状态和学习方法，增强学习自信心。

经验之谈

儿子小哲初中时学习成绩很好，还担任班长一职，各方面表现都很突出，是学校里的风云人物。上了高中后，第一次月考后就受不了了，因为他的名次一下子跌到了班里二十多名。学习成绩的骤降给他带来巨大的打击。而且小哲刚上高中，作为一个高一的学弟，很多活动他都无缘组织，似乎没有人会在乎他，这和他在初中的待遇简直天差地别。小哲心理特别不平衡，开始对自己的能力产生了怀疑，觉得自己各方面都不好，情绪很低落，对学习也缺乏热情。

儿子的状态让我和他父亲为之焦虑，但我们又不想把这股焦虑感传递给儿子，以免增加他的心理负担。高中后的第一个国庆假期来临，为了缓解儿子的压力和让他重拾自信心，我们计划带他出去进行为期五天的旅游，我们把旅游规划的任务交给他，要求他做好列出随身物品清单、规划旅游线路、订酒店等工作。

"小哲，国庆节到了，我们一家人出去旅游吧！"我让儿子坐到沙发上，和他沟通起来。

"好啊，去哪里呢？"小哲无精打采地回答。

"去哪里由你决定。"孩子的父亲拖了把椅子坐过来，一手搭在儿子的肩上说到，"你想去哪里，我们就去哪里，不过需要你来做好规划，我们打算出去五天，这五天怎么过，都由你来决定，好不好？"

儿子一脸不可置信："让我来？"

我微笑地拉着儿子的右手，询问他是否愿意。儿子望了望我们，左手挠了挠头。我看着他想做又不敢接的样子，笑了笑，然后用坚定的眼神看着他说："我和你爸爸认为你可以，试一试？"

"好吧，那我来吧！"

儿子这一刻的样子让我回想起他初中时的意气风发，真是令人感动。我从包里拿出一张银行卡塞到他手里："卡里存了1万块钱，是我们这次旅游的预算，好好规划吧。"

儿子接到任务后，非常兴奋，立马有条不紊地展开工作。仅一个小时的时间就把旅游的前期工作都完成了，这是一个完美的开始。

接下来的五天，我们在儿子的带领下，去了水上乐园，登了险峻高山，访了深山古庙，住了舒适酒店，真是一场愉快的旅行。我们全程听从儿子的安排，没有摆出父母的姿态，就像他的两个同龄同伴，轻松地沟通、愉快地玩耍。

假期结束后，我们能明显感受到儿子心态的改变，没有了低落的情绪，放学回家后认真学习，还会津津乐道他在学校参与的各种活动和趣事。期中考试成绩大幅度提升，现在基本保持在班里前十名。

感觉作为父母，我们并没有做什么，但又觉得做了很多。

1. 孩子在升入高中初期遇到的问题或烦恼有哪些？
2. 学完本单元的内容后，你会对孩子进行哪几个方面的引导？

二、你了解你的孩子吗

孩子进入高中后生理和心理会发生怎样的变化？孩子喜欢读什么书、看什么剧、聊什么话题呢？教育是一个灵魂唤醒另一个灵魂的活动，只有了解孩子，才有可能走进孩子的心灵，才有可能开展有效的教育。面对升入高中的孩子，家长需要了解他们哪些方面的特点呢？

案例阅读

蕾蕾从小到大都特别乖巧，什么事都听从父母的安排。可是最近，刚读高一的蕾蕾因为周末放学接送一事与父母闹起了别扭。蕾蕾认为自己已经长大了，可以和同学一起坐公交车回家，况且和同学一边坐车一边聊天，多开心啊！蕾蕾爸爸却觉得女孩子还是谨慎一点好，公交车人多，情况复杂，且坐车要花费一个多小时，为此他坚持开车接送。

每次一坐上车，面对爸爸各种关心和询问，蕾蕾就阴着脸，不想回答。爸爸很委屈："我这么辛苦跑来跑去，还不是为了你好，你怎么就不明白爸爸的苦心呢？"蕾蕾却说："为什么别的同学可以坐公交车回家，我就不可以呢？难道我照顾不好自己吗？我叫你不要来接，你就是不听。"接下来，父女两人开始沉默了。

回到家里，妈妈也忍不住唠叨几句："你爸爸早早出门去接你，还要看你的脸色，你就不能体谅一下大人吗？我们还不是为了你好！"蕾蕾生气地回答："你们总是要我体谅你们，那你们为什么就不能体谅一下我的感受，让我做自己喜欢做的事情呢？"

蕾蕾的父母也许会百思不得其解：女儿之前一直乖巧听话，可是现在为什么会"阴着脸""生气地回答"？那么，当孩子变得不听话，与自己的意见不统一时，该如何解决呢？所谓理解万岁，而理解的前提是了解，没有了解就没有发言权。那么，你了解自己的孩子吗？

一直以来，循规蹈矩、乖乖听话的孩子很容易被家长津津乐道、赞扬有加，而淘气、叛逆、反抗的孩子总会受到处罚、批评。"听话""乖"仿佛是对孩子的最高赞赏。从案例中我们看到，蕾蕾面对父母的关心表现出不耐烦或不接受的态度，从本质上看是孩子独立自主的意识和父母保护孩子的本能之间的冲突。蕾蕾希望自主安排回家的方式，多与朋友沟通交流，而父母则以安全和学习等为由，剥夺孩子的自主权。

孩子的自主意识变得强烈了，父母没有一下子适应孩子的变化。当孩子提出不同的意见时，父母还是想说服孩子。这样往往会引发亲子矛盾，孩子误解甚至拒绝父母的好意，父母又会觉得委屈和失落。因此，父母一方面要了解孩子的心理需要，对他们进行合适的教育和引导，另一方面也需要反思自己的想法和做法是否符合教育规律。这样不仅有助于孩子更好地成长，同时亲子关系也会更和谐。

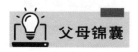 父母锦囊

———· 成长原理 ·———

我国著名教育专家孙云晓老师说："父母教育孩子，不是靠学历、收入和地位，而是靠教育理念、教育方法和教育能力。教育孩子的前提是了解孩子，了解孩子的前提是尊重孩子。"面对升入高中的孩子，我们需要了解他们哪些方面的特点呢？

生理上趋于成熟的发展特点

一方面，高中生身体器官及机能逐渐成熟，身高和体重的增长速度变慢。男生肌肉增长加快，女生则皮下脂肪增长更多，性器官发育成熟。另一方面，高中生的大脑结构虽然不断完善，但内分泌腺比较活跃，兴奋和抑制的过程有待平衡，因此情绪不稳定，易波动。

心理上追求自主独立的发展特点

一方面，高一学生的自我意识明显增强。在心理和行为上表现出强烈的自主性，迫切希望从父母的束缚中解放出来，所以往往父母干涉越多，孩子越不能接受父母的好意，甚至产生对抗行为。孩子的内心世界虽然丰富，但情感的外部表现却有一定的掩饰性，不会轻易表露自己的真实想法。这些特点常阻碍着父母与子女的相互了解。如高一年级的很多女生觉得很苦恼，没有人能够理解她们的内心世界，总是把自己伪装起来。在家里，她们是父母眼中的乖乖女，懂事、乖巧；在学校，她们成绩不理想，甚至早恋。另一方面，儿童在情感上最依恋的是父母，朋友则处于相对次要的地位。随着年龄的增长，这种情感依恋的重心便逐步由父母转向了朋友。到了高中阶段，孩子追求独立的意识越来越明显，与同龄人之间的交往越来越频繁，与朋友的亲密程度增加，对友谊的重视程度达到了前所未有的高度。同时，由于学习压力的增大，他们非常渴望理解和关心，更愿意与那些和自己性格相近，有共同爱好的人建立深层次的友谊，分享心中的秘密。像案例中提到的主人公蕾蕾就是希望通过多和朋友沟通交流，来获得内心的满足感。此时，家长出于担心而限制他们，也不利于孩子社会交往技能的发展。

学习上两极分化日益明显

这点特别需要家长加以关注。对学习成绩较好的学生来说，他们充满自信，学习已成为自觉的行为，并不断从中得到成功的心理体验。另一部分学生在高一年级学习中屡遭挫折，产生急躁、郁闷、迷茫、懈怠等情绪。升入高二以后，少部分学生对学习失去信心，产生自卑甚至害怕等心态，出现兴趣转移、偏科等现象，学习成绩不断下跌，越来越没有自信心。

·方法指导·

家长如何才能更好地了解孩子呢?

直接了解

家长要学会换位思考，耐心倾听。换位思考，即能够站在别人的角度思考和处理问题。父母都希望子女好，可父母认为的"好"，不一定是孩子真正想要的好。当听到"还不是为了你好"时，往往会激起孩子的逆反心理，更加不愿意接受父母的意见，哪怕是正确的意见。面对蕾蕾的厌烦和不满情绪，父母也可以换位思考，用这样的句式来沟通："你看起来有点不开心，可以说说吗?"而更进一步的还可以这样说："你感到_____，因为_____，你希望_____。"比如爸爸可以说："你感到不开心，因为不能和同学在一起，你希望和他们一起坐车回家，是这样吗?"当孩子感到被聆听、被尊重时，才会愿意开口说出自己的想法和理由，这个时候父母则要耐心倾听，不要急于打断孩子，更不要听到与自己意见不合的地方就批评和否定孩子。如果孩子觉得自己的意见总是被否定，体验不到被尊重的感觉，很容易就关闭心门，家长想了解孩子也就无从下手了。

家长要找准教育时机，引导方法得当。不知道家长有没有这样的感受，同样的话在某个场合或某个时间点说，孩子很容易接受并改正，但在某些时候不管说多少次孩子都不听。这就是教育时机的选择。家长可以选择孩子易于接受的情境，和孩子沟通。比如当孩子困惑时，他们往往渴望得到理解和解决方法、问题答案等，这时若家长能主动地关心孩子，通过动之以情、晓之以理的方式，获得孩子的信任；又如当孩子犯错时，这个时候家长不能揪着错误不放，而要用宽容的心态看待孩子的错误，鼓励他们从错误中学习和成长，孩子也愿意把父母当成可依赖的人；再如当孩子取得进步时，情绪就会比较愉快，自信心也比较强，这个时候家长加以肯定和鼓励，孩子就会有更多的话说，亲子之间的沟通就顺畅多了。

间接了解

家长主动学习，更新观念。一方面，孩子在不断成长和发展，父母也要与时俱进，不断学习成长。家长可以通过相关书籍、影视作品和参加家庭教育专题活动等形式，更新教育观念和方法，增加对孩子的了解。另一方面，虚心向别人请教。家长可以主动与班主任或科任老师沟通，及时了解孩子各方面的情况；同时也可以和朋友交流分享，了解孩子在这个年龄阶段的身心特点。

经验之谈

初冬的一个晚上，立国全家人正在吃饭，立国爸爸主动与孩子讨论选科的事情。当听到儿子想选历史，全家人都觉得很意外。

立国爸爸回应说："你从小参加乐高、航模培训班，动手能力强，当科学家曾经是你常常挂在嘴边的梦想，再说你的物理成绩也很不错。你说想选历史，这和我们想的有点不一样，能说说你的理由吗？"立国爸爸没有断然否定孩子的想法。

立国有点不耐烦地说："不要再提老掉牙的事情了，小时候的梦想能当真吗？兴趣是会变化的，我现在对历史很有兴趣，就是这样，没有其他原因。"

立国妈妈赶紧打圆场说："明白了，那我们先好好吃饭，等什么时候你想说的时候我们再聊这个话题。"

其实夫妻两人内心还有很多的疑问。于是他们俩趁着外出散步时，就儿子的选科问题进行了一番讨论。对于不明白的地方，立国妈妈主动给孩子的班主任打电话请教，从中还了解到最近一段时间立国的成绩退步了，特别是物理成绩退步很大，自信心备受打击，产生了畏难和焦躁情绪。

立国妈妈还通过朋友了解到最近有一个由当地人社局、教育局、高端人才联谊会联合主办的生涯教育论坛活动，于是报名参加了这个活动。在活动过程中，立国妈妈非常认真地听专家介绍，并主动提出自己的疑问，寻求专业的指导。活动结束后，立国妈妈认真地给孩子写了一封信，信中提到自己当年上高中时为什么选理科的故事以及对选科的新认识，信末还特别强调尊重立国的选择。看到家人为自己的选科一事所付出的努力，立国感受到父母的爱和关心，于是趁着父母送自己回学校的路上，主动坦言自己因学习成绩退步，对物理学习没有信心，再加上父母总是把注意力放在三岁妹妹身上，冷落了自己，才故意赌气说选历史。

立国妈妈的做法值得家长学习。一是当她觉得孩子赌气时，并没有急着批评孩子，而是通过冷处理的方式来让彼此的情绪缓和；二是她愿意主动去学习相关的知识，尝试从不同角度了解孩子的所思所想，这是理解的开始；三是通过写信等方式巧妙地表述自己的想法和感受，促使孩子思考。整个教育过程流淌着平等、真诚和充分的尊重，让立国愿意放下包袱，敞开心扉。

亲爱的家长，想要真正了解孩子，需要学会从正面和侧面多方了解，学会换位思考、尊重孩子，找准教育时机，用准引导方法，用真诚来打开孩子的心扉。

亲子活动

请用上换位思考常用的句式"你看起来……_____。""你感到_____。""你感到_____，因为_____，你希望_____。"来完成以下小练习。

孩子：我才刚玩一会儿手机，游戏还没有结束呢，不要催我。

家长：_____。

孩子：每个周末都要去补习，烦死了！

家长：_____。

三、你更新教育方法了吗

亲爱的家长，你常用的教育观念和教育方法有哪些？这些教育方法有效吗？如果孩子对你的教育和引导表现出冷漠或敌意，这可能是由哪些原因造成的？这一讲我们来探讨这些问题。

 **案例阅读**

　　大鹏经过初三一年的奋力拼搏，终于考上当地一所重点高中，全家人都很高兴。不过从暑假开始，大鹏就经常待在房间里玩游戏，一开始家长觉得孩子需要放松身心，也没有过多干涉。暑假快结束时，大鹏得意地告诉妈妈，他通过打游戏赚了2600元，将来他想做职业电竞选手。

　　妈妈对大鹏日夜颠倒的行为非常不认同，"我们不需要你赚钱，你好好学习就可以了。你看看你自己，脸色苍白，视力下降，再这样下去，我就把网络给停了！"大鹏很生气地说，"你什么都不懂！这是二十一世纪的新兴职业。"

　　开学之后，每逢周六晚上，大鹏总忍不住偷偷玩游戏玩到凌晨两三点，有时连作业都无法完成，成绩也开始下滑。父母提醒了一次又一次，大鹏却说："我不是玩游戏，我是在学习，在赚钱。"

　　一个周六的晚上，父子之间发生了严重的冲突，爸爸把路由器拔掉，扔进了垃圾桶。大鹏冲出家门，消失在黑夜里。这一个晚上，全家人发动亲戚全城寻找，直到凌晨两点多才在一家餐厅里找到大鹏。舅舅劝他回家，大鹏愤愤不平地说："他们一点都不理解我，这是我的兴趣爱好，动不动就用断网来威胁我，那我就用离家出走来对付他们！"

"我们还不是为了你好！做电竞选手不能当饭吃，你成绩下降，将来考不上大学，还不是你自己受苦受累……"妈妈一下子就哭起来了。

 问题分析

电竞职业选手作为一门新兴的职业，不少家长和孩子对其认识并不充分。孩子认为电竞职业选手既可以玩游戏，又可以赚钱，一举两得；家长认为它是玩物丧志，既损害健康，还影响前程，百害而无一利。大鹏与父母之间有着不同的立场和认识，而大鹏父母所采取的批评、断网等教育方式并不被大鹏所接受，最终引发了激烈的亲子冲突。教育是双向沟通的过程，在家长引导孩子的过程中，不仅需要了解孩子的特点，还要转变教育观念和更新教育方法。家长需要更新哪些教育方法？又需要怎样更新教育方法呢？

当今家长对儿女的教育重视程度前所未有，我们从中看到父母的焦虑：孩子如果没有好成绩，就难以考上好大学，将来就难以找到好工作。加上大鹏缺乏自制力，学习成绩受影响，父母情急之下做出断网的行为，也是可以理解的。

那大鹏为什么会有这么激烈的反应呢？一方面，大鹏感受到父母对自己的强烈否定感，为维护自己的自尊，产生了敌意和对抗；另一方面，父母的教育方式过于强硬，打着"都是为你好"的旗号，一味要求孩子按自己的要求去做，而没有意识到孩子的心理特点和需求，也没有耐心倾听孩子的想法，造成亲子冲突，引发孩子的对抗行为。

我们还要看到，高中生自主意识和独立性增强，常因为个人自由受到父母的限制而生气，为了摆脱父母的干涉不惜与父母争执。这些愤怒的情绪使孩子过于冲动，甚至做出不理智的行为。

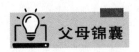

· 成长原理 ·

"父母是孩子第一任也是永不卸任的老师。"家庭教育在孩子的成长过程中有着不可替代的作用。当孩子逐渐长大，他们的需要和特点已发生了改变，父母的教育理念与教育方法也要随之改变。然而，据中华全国妇女联合会2015年发布的《第二次全国家庭教育现状调查报告》显示，"不了解孩子的想法"的父母占30.3%，"不知道用什么方法教育孩子"的父母占47.4%。"不知如何教"成为家庭教育的一大问题。古人云："爱其子而不教，犹为不爱也；教而不以善，犹为不教也。"因此，父母在引导孩子的过程中，不仅需要了解孩子的身心特点，还要及时更新教育理念和教育方法。

父母与孩子的成长背景不同

2000年后出生的孩子生长在一个信息与观点多元的时代，而父母与他们，由于成长背景和获取信息渠道的差异，在家庭教育中父母面临着与孩子观念不同、需求不同和关注点不同等一系列的新挑战。纪录片《零零后》总导演张同道认为，2000年后出生的孩子最大的特点是开放、自信和国际化，因为他们成长在一个各方面都非常便捷的时代，如果家长还是一味强调自己的权威性，强迫孩子顺从，不善于听取孩子的意见，只会引发孩子的不满和反抗。

父母与孩子的需求不同

进入高中阶段的孩子，步入了个性表达和自我主张的重要人生阶段，自主与独立、接纳与尊重的需求特别明显。此时，他们逐渐疏远自己的父母，减少对父母的依赖，渴望与同伴建立亲密的友谊。而父母则渴望得到孩子的感恩和体谅，希望孩子重视和接受自己的意见，通过唠叨、说教或控制的方式获得掌控感。两者都站在各自的立场和需求上向对方寻求理解与支持，但往往事与愿违，冲突频繁。

父母与孩子的关注点不同

一是家长关注道理，孩子关注感受。家长在和孩子交流的过程中，往往只顾自己说得畅快，列举各种道理，强迫孩子接受自己的观点，却没有耐心倾听孩子的感受和想法。孩子在这种说教语言的"轰炸"下，只会越来越沉默或在逆反心理的驱使下，与父母对抗。有一个孩子曾说过，她爸爸一上车就说个不停，而她坐在后排听得好不耐烦，只能用"嗯啊"回应，但这种敷衍的态度又会让她爸爸生气。

二是家长关注学习，孩子关注情绪。家长和孩子交流的话题比较单一，大多数围绕着"作业做完了吗""成绩怎么样"等问题。如果孩子成绩比较好，还会回答你的问题；如果考得不理想，内心沮丧、烦躁的情绪就很容易被触发，引发亲子间的冲突。

三是家长关注身体需要，孩子关注心理需要。很多家长为孩子准备各种美食增加营养，却忽视了对孩子心理方面的指导，甚至对心理健康问题有不少的误解和偏见等。

—— · 方法指导 · ——

作为父母，一言一行都可能对孩子造成影响。父母在家庭教育过程中采取的方式方法，塑造着孩子的性格和品质。俗话说："方法得当，事半功倍；方法不当，事倍功半。"所以家长也要主动学习，不断成长。"在变化的时代，做成长型的父母。"

家长习惯于关注孩子的问题行为，想方设法纠正孩子的错误行为，结果可能吃力不讨好。如果从优势视角出发，家长可能会看到孩子（包括自己）的优点，肯定他们的优点，甚至透过不当行为的背后，看到他们想要获得关注、获得权利的真实目的，从而理解他们的行为，相信他们有改变的意愿和能力，用积极的人性观看孩子、看自己、看世界。家长并非要消灭问题，而是希望增加正面能量，让孩子拥有更多的优势和美德。当孩子的感觉良好了，自然会做出更恰当的行为。

变说教为对话

说教就是我说你听，最常见的方式是"你应该怎样做或你不应该怎样做……"这种表达很容易让对方产生被冒犯或不被尊重的感觉，激发孩子的逆反心理，使得孩子更加不愿意接受父母的意见。对话则是双方之间平等地交流，或就某个问题交换意见。平等而友好的对话过程有助于父母认清孩子的情绪和行为背后的真正动机，成功地开启亲子沟通的大门。

要达成对话的效果，一方面可以用"我"的句式代替"你"的句式，从"我"字开始，明确表达自己的感受和想法，比如"我感到……，因为……"；用"你"字开头，往往容易让对方感受到批评指责，从而不愿意接受你的意见。另一方面给出建议比指责、批评、否定对方更显友好。常用的句式有：

我觉得/我的看法是……，你认为呢？

我想……会更好。

我希望……

我……能不能……

变控制为放手

随着孩子的成长，父母的角色也在逐渐发生变化。孩子小的时候，父母事无巨细地安排孩子的学习与生活，孩子也特别需要父母的帮助和支持。孩子进入青春期之后，父母就要适时地调整角色，不再包办孩子的一切，要学会放手，让孩子去尝试、去试错，帮助他们面对失败，从中吸取经验教训。

放手不等于放任。放任是指不加约束，听其自然，放手则是打消顾虑，解除不必要的约束。放手更多的是该管的就管，不该管的就不管。

如何做到放手？首先，家长要给孩子选择的权利。孩子只有学会如何选择，才能形成自主意识，才能清楚自己的选择是对还是错。如果孩子遇到选择上的难题，父母可以给孩子建议，但是不能替孩子做决定。其次，培养孩子的责任感。让孩子自主安排时间，自己的事情自己负责。最后，接纳失败。有时候孩子做错了或者失败了，家长要有宽容之心，相信犯错也是学习的好机会。

经验之谈

　　小A是高一某班的学生，乖巧听话，为了提高学习成绩，平时假期经常参加各种培训班，最近她却感到焦虑和烦躁不安。细心的妈妈察觉到孩子情绪的波动后，在周六晚饭后，跟女儿进行了坦诚的交流。

　　妈妈："小A，妈妈感觉你这段时间有心事。妈妈有点担心，你能说说吗？"

　　小A："我来到这所重点中学以后，看到大多数同学的成绩都比自己好，自己好像低人一等。于是，刚开学时我大部分时间都在看书、做习题，希望自己的成绩能提高。第一次月考成绩出来了，我的成绩在班里排第42名，好差啊。很快就要期中考试了，我不想再考得这么差。"

　　妈妈："傻孩子，谢谢你告诉妈妈。妈妈能理解你的心情。（停下来，握住孩子的手，目光注视着她）你希望自己能表现得更好一些，希望通过多看书多做习题来提高成绩，而事实上却发现没有达成预期效果，是这样吗？"

　　小A："是啊，为什么我努力了，成绩还是那么差？别的同学好像学得很轻松，成绩却比我好。我很苦恼，不知该怎么办。"

　　妈妈："成绩提不上去，觉得很烦恼、很茫然，是很正常现象。妈妈最近在工作上也遇到了一些困难，同样的担忧和不安，甚至睡不好觉呢。"

小A："真的？原来每个人都有自己的烦恼。"

妈妈："是啊。不过我们可以说出来，相互鼓励和支持对方。我记得上初三的时候，你也曾遇到过学习方面的困难，你当时是怎样做的？"

小A："……"

在整个谈话中，妈妈敏感地捕捉到孩子情绪的变化，没有直接指出孩子的问题所在，而是有意识地引导孩子。比如，当孩子说到有烦恼时妈妈认同孩子的感受，不让孩子背上思想包袱。另外，通过启发式的问候，让孩子反思问题的根源，减少说教和指责，从而达到引导孩子的目的，增进了亲子关系。

亲子活动

1. 作为家长，你经常用到的教育方法有哪些？孩子给你的反应是什么？

2. 请用对话的态度和句式，与孩子沟通下列生活现象。

我觉得/我的看法是……，你认为呢？

我想……会更好。

我希望……/我能不能……

生活现象一：

孩子："我想学画画，以后可以浪迹天涯走遍世界。"

家长回应说：

生活现象二：

孩子："同学们去参加某明星的粉丝见面会，我想一起去。"

家长回应说：

生活现象三：

孩子向一名异性同学表白了爱意，对方却拒绝了他/她，孩子觉得没脸去上学了。

家长回应说：

第二单元　如何指导孩子适应高中的学习与生活

　　刚升入新的学校，进入新的环境，面对新的学习任务、同学、老师，很多孩子会出现不同程度的不适应。家长应该如何指导孩子顺利适应高中学习与生活？如何指导孩子建立良好的同学关系和师生关系？

四、如何指导孩子适应高中的学习

丹桂飘香的九月，孩子迎来了崭新的高中生活。新环境、新同学、新要求，有的孩子"应新而变"，迅速适应，学习面貌焕然一新，成绩有明显进步；有的孩子则"应新而倒"，难以适应，逐渐丧失信心，成绩一落千丈。俗语说"好的开始就是成功的一半"，家长如何指导孩子，让孩子走好高中学习生涯的第一步呢？

 **案例阅读**

小强初一、初二时在班级学习成绩排在前列。可惜在同学的影响下，他沉迷于网络游戏无法自拔，学习成绩大幅度下降。升入初三，随着自身心智的不断成熟和学习压力的不断增大，小强努力学习，奋起直追，取得很大进步，顺利升入重点高中。当看到自己和班上一名一直非常努力学习的同学考入同一所高中时，小强得意极了。

刚上高一，小强多次鼓吹自己的"学习速成法"："高中一、二年级不必认真学，等到高三再努力就足够了。"可高一第一次月测，小强的成绩排名已经跌至班级后十名。看到这个成绩，小强的父母着急了，两人软硬兼施，唱起了"双簧"。爸爸多次严厉批评小强："现在不学，高考就完了。周末不许出去玩了，待在房间做作业。被我看到你出去，我就打断你的腿。"父亲的严厉引起了小强的叛逆，小强大声顶撞爸爸："不要你管！"妈妈来到小强的房间温柔地说："宝贝，好好写作业吧，妈妈给你做好吃的。"小强嫌妈妈唠叨，把妈妈赶出了房间。父母无计可施，只能听之任之。

到了高三，准备奋起直追的小强发现每节课的内容容量大、能力要求高，基础薄弱的他仿佛在听天书，知识漏洞太多根本不知从何补起，一大堆作业不会做，他感到非常痛苦、无助。没过多久，他就放弃了，重新投入网络游戏的"怀抱"。他的成绩一直徘徊在班级最后几名，高考成绩也不尽如人意。回忆起高中生活，他悔不当初，"初中和高中的学习差别太大了，学习速成法在高中行不通，真是聪明反被聪明误啊。"

问题分析

小强错误地把他初中的学习方法搬到高中，以为高中一、二年级不必认真学。小强家长看到了问题却无法有效指导孩子适应高中学习，导致小强高考失利。可见，孩子能否快速适应高中学习，与家长能否提供有效指导密切相关。那么，初高中学习具体有哪些不同？家长可以如何帮助孩子尽快适应高中学习呢？

"好的开始是成功的一半"，如何快速适应高中学习是孩子进入高中面临的重要考验。面对孩子无法适应高中学习的问题，家长的态度和做法有三种。第一种，批评说教型。案例中小强的爸爸就属于这一类型，他认为孩子不用功，才会出现难以适应学习的问题。于是，严厉批评孩子，下命令要求孩子好好学习，但是这种方式往往会激起孩子的反抗，也无法有效指导孩子适应高中学习。第二种，"我教不了"型。这一类型的家长认为自己无法指导孩子的学习，小强父母"唱双簧"无果后，选择将责任推给老师、学校。第三种，有效指导型。这一类型的家长对高中学习任务、学习方法有一定的了解，能帮助孩子分析问题，提出有效解决问题的策略，家长们要努力修炼成为这一类型的父母。

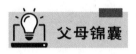

———·成长原理·———

家长指导孩子快速适应高中学习，必须先弄懂以下两个问题。

第一，孩子的不适应表现在哪些方面？学习状态不适应：作息未能及时调整，疲倦不堪，注意力不集中，甚至出现打瞌睡的现象；学习任务不适应：与初中学习相比，高中学习的容量增大，呈现两"多"两"少"的特点，即科目多、内容多，而时间少、复习少，学习的难度加大，对孩子的空间思维能力、逻辑推理能力、辩证思维能力等有了更高的要求，孩子一时难以应对；学习方法不适应：照搬初中的学习方法，上课等着老师提醒做笔记，课后等着老师布置作业，考前等着老师梳理小结，考后等着老师分析错题，缺乏学习的主动性；学习环境不适应：对新学校的学习安排、管理方法，对新老师的个人风格、教学方法不适应。

第二，为什么会出现这些不适应的现象？直接原因是孩子未能及时切换学习模式，不少孩子在两个多月的假期里将学习打入"冷宫"，把初中所学知识忘得一干二净，作息时间日夜颠倒，导致精神疲倦。根本原因是孩子的心智发育水平与高中学习的要求尚有差距。一方面，从中国学生发展核心素养的要求来看，高中生不能死记硬背，要全面提升自己的关键能力；不能只是被动学习，更要发现并享受学习的乐趣；不能只学习课本的文化知识，更要完善自我，全面发展；不能把自己关在书斋"两耳不闻窗外事"，要有以天下为己任的大格局。另一方面，此时孩子的心智水平还有待进一步发展，在思维品质方面表现为思考的广阔性、深刻性有待提高，在认知方面表现为感知和观察的质量、注意品质还需进一步提高，在学习动机和兴趣方面表现为学习动机不明确，学习兴趣容易出现波动，在学习自觉性方面表现为意志品质尚在发展中。这些差距是客观存在的，需要通过刻意训练、有意培养逐步减小，这正是家庭教育的可为之处。

—— · 方法指导 · ——

想要尽快适应高中学习，顺利考入理想大学，孩子需要脚踏实地，切实行动。家长可以从以下几个方面指导孩子开展行动。

多方了解，提前熟悉

家长可以鼓励孩子通过师兄师姐、相关书籍、公众号、学校官网等多种途径了解以下问题：刚进入高一可能遇到的学习问题；初、高中学习的不同；所在学校的学习时间分配、课堂容量与作业安排情况；关于如何适应高中学习的建议。

这样可以让孩子对高中的学习做到心中有数，对可能遇到的问题有一定的心理准备。孩子也可以重新审视自己的学习习惯、方法，提前做出调整。

引导收心，未雨绸缪

不少孩子在假期将学习抛诸脑后，两个月时间把初中所学知识忘得一干二净。作息时间日夜颠倒，导致开学后生物钟一时难以适应学校的作息安排，精神疲倦，注意力不集中，甚至出现打瞌睡的现象。而不少学校会在开学初进行数学、英语等学科的入学测试。因此，在距离正式开启高中生活两周左右的时间内，家长要引导孩子进入高中学习的预备状态，做到未雨绸缪。

如何引导孩子收心，家长可以从以下四步着手：第一步，收环境。这段时间尽量不安排长时间的家庭外出活动，合理安排家庭娱乐时间，为孩子提供相对安静的环境。第二步，收精神。调整孩子的作息时间，早睡早起，坚持体育锻炼，以充沛的精力迎接新学期。第三步，收行为。与孩子商定多进行相对安静的活动，如书法、课外阅读等，通过行为的调整达到收心的目的。第四步，收学习。家长引导孩子利用好这段时间，逐步增加每日学习时间，复习初中阶段的知识，预习高中课程，进入高中学习的预备状态。需要提醒的是，青春期的孩子自我意识不断增强，容易对家长、老师的说教产生逆反心理。同时，孩子是学习的主体，应当承担起学习的责任。因此，家长不能强制要求孩子进入开学预备状态，强硬布置作业，但可以和孩子讨论商量：学期开始，学习方面容易遇到什么问题？你对高中的学习有哪些期待？为了迎接高中的学习，我们可以提前做哪些工作？和孩子一起将讨论商量的内容写下来，制订日常惯例表，包括每日完成哪些任务，具体的完成时间，如果某一天没有完成该如何补救。家长跟进孩子的执行情况，并及时鼓励，强化效果。

耐心陪伴，习惯养成

初、高中学习的不同要求孩子要养成良好的学习习惯：制订每日学习计划的习惯、提前预习功课的习惯、上课时一边听讲一边做笔记一边思考"一心三用"的习惯、遇到难题利用答案逆推解题过程的习惯、利用琐碎时间记忆细小知识点的习惯、整理错题的习惯、每日产生疑问请教老师的习惯、小结类型题及其方法的习惯等。好习惯的养成最少需要21天，而习惯改变的过程又必然会产生不适和痛苦，因此整个过程容易出现反复，甚至半途而废。这就需要家长耐心陪伴，不轻易批评责怪，少关注分数，多关注过程，不断给孩子加油打气。

经验之谈

张女士是一位学历不高的普通女性，但她非常重视孩子的学习。今年夏天，女儿在中考中发挥正常，顺利升入所在地最好的高中，但是成绩排名班级中下游，这让女儿感到"压力山大"。

张女士很细心地感受到了孩子的情绪，主动找她谈心："还有不到三周就要开学了，我看你有些焦虑？""嗯。""这也不怪你，从小到大，你都是班上成绩最优秀的同学之一。新学校高手云集，你现在的成绩和班上成绩较好的同学是有些差距。你感觉有压力就对了，说明你很在乎学习。趁着假期，可以想想办法提高自己的学习成绩。""我想利用好暑假时间学习，赶上他们。我想找来高中课本预习。"张女士及时肯定了孩子的想法，笑着说："很好，坚持下去一定会有进步的。俗话说笨鸟先飞，更何况你很聪明。借课本的事就包在我身上了。"当其他同学还处在从暑假作息中"倒时差"的时候，张女士的女儿已经"抢跑"，提前进入学习状态。开学后的摸底考试，张女士的女儿居然升至年级第32名，这让孩子非常惊喜，她说："我对高中学习的信心一下就增强了。"

说起妈妈的指导，张女士的女儿感到非常温暖："我的妈妈学历不高，但她非常重视我的学习，而且善于指导我的学习和生活，在我心中她是充满智慧的。"张女士的智慧在于和善地接纳了孩子的焦虑和不安，让孩子感觉到被理解。她还善于抛出问题，引导孩子找到具体可行的方法来提高成绩，让孩子变压力为动力，顺利适应高中学习。

 亲子活动

在民主商量的基础上，和孩子一起制作《假期收心日常惯例表》。具体内容包括每天做哪些事情来帮助孩子收心，完成的具体时间、时长。惯例表形式不限，最好由孩子自行设计，图文并茂，落实效果会更好。

五、如何指导孩子建立良好的同学关系

进入高中，大多数孩子都住校，每周至少有五天的时间和同学们在一起。如果这时候孩子能迅速与周围的同学建立良好的关系，可以减少孩子进入新学校的陌生感，进而为孩子顺利适应高中的学习奠定良好的基础。那么，家长该如何指导孩子与同学建立良好的关系呢？

 **案例阅读**

九月的南方，"秋老虎"发威，人们在户外随便动动，就会热出一身汗。女生小美最害怕这种天气了，因为她有"难言之隐"——狐臭。开学第一周，室友就隐隐约约觉察到了这一点，私下讨论，还有意无意避开小美。第一个周末放假回来，小美的舍友晓玲买了很多空气清新剂，还说"和'狐臭女'同宿舍真倒霉"。一传十十传百，同学们都喊小美"狐臭女"。只要小美从旁边经过，同学们就会立刻捂上鼻子，指指点点，还不愿意接小美传递的试卷、书本。小美觉得自己被孤立和歧视了，回家向妈妈诉苦，妈妈劝她"忍一忍就会过去的"。

一天晚修后回到宿舍，小美发现自己的衣服、被褥被扔到垃圾桶，还被倒上了一整瓶花露水，湿漉漉的。室友见状还偷笑，声称"为民除臭、大快人心"。其中一位同学还把小美推到墙角，用力扯住小美的头发，威胁小美不许告诉班主任和家长，否则就会叫人来打小美。小美有苦不敢言，只能流着眼泪，从垃圾桶捡回了自己的物品。第二天小美找了个借口请假回家，再也不愿意回学校上课，家长怎么劝说都无济于事。

问题分析

案例中的小美因为身体原因，被同学取绰号、排挤，遭遇校园欺凌，最后辍学在家。由此可以看出，建立良好的同学关系是孩子在高中阶段快乐学习、顺利成长的前提条件。小美刚刚开始高中生活，就受到同学的排挤、欺凌，痛苦不堪。小美家长只是劝孩子"忍一忍"，并没有找到切实可行的解决方法，也没有意识到运用法律武器保护孩子的正当权益。

对于孩子在建立良好的同学关系过程中遇到的问题，家长的态度和做法有以下几种：第一种是认为孩子的问题"不是事"的家长。这一类型的家长很难站在孩子的角度看待事情，认为孩子在无理取闹，采取严厉批评的做法。的确，孩子之间的一些矛盾和问题，在阅历丰富的家长看来有些"小儿科"，不足挂齿，但是，这些小矛盾、小问题确实困扰着孩子。所以，请家长"看见"孩子，做孩子成长路上的同行者和引领者。第二种是"干着急"的家长。这一类型的父母"看见"了孩子的情绪和困惑，却缺乏具体的抓手和方法指导孩子。孩子与同学的关系问题没有得到切实解决，孩子的人际交往能力没有得到提升，案例中的小美家长便是如此。第三种是懂得专业指导的家长。这一类型的父母和善而坚定，耐心倾听，及时疏导孩子的情绪，适时干预，与孩子共同分析面临的问题，找到到达与新同学和睦相处、顺利适应高中生活彼岸的具体路径。由此可见，父母的态度和做法将直接影响孩子能否快速与同学建立良好的关系。

父母锦囊

———·成长原理·———

初入高中，孩子一时难以和周围的同学建立良好的关系和密切的互动，主要有以下三方面的原因。

高中生心理发育特点

高中阶段的孩子正处于成熟与半成熟的时期。一方面，孩子的情绪与情感呈现出一定的闭锁性。高中生大多住校，他们与新同学朝夕相处，甚至要将自己最隐私的一面在宿舍成员面前展露无遗，这让他们感到尴尬和不安。于是，孩子在潜意识中给自己裹上厚重的"盔甲"，收起喜怒哀乐，不随意敞开心扉，佯装冷静地在一旁观察周围的人和事。特别是一些"踩"着分数线进入新高中的学生，他们也许曾经是初中班级的学习佼佼者，而今，身边的"学霸"不少，他们容易自惭形秽，不敢、不愿走出去主动认识其他同学。另一方面，孩子调节情绪的能力有待加强。面对陌生的新环境、新同学，孩子思念家人、思念好友，感觉不适应。孩子缺乏排解孤独感的具体方法，容易沉浸于不良情绪之中，久久不能自拔。

家庭、学校教育

一方面，现今的孩子大多是爸爸妈妈、爷爷奶奶、外公外婆的"团宠"，习惯了长辈的无限宠爱与包容，个性飞扬，向往自由。同学之间，特别是宿舍成员之间，容易因为生活习惯不同，或因为不懂包容谦让发生摩擦。另一方面，家庭教育和学校教育更多关注孩子的学习成绩，没有及时察觉孩子的交友困惑，漠视了对孩子进行人际交往方法的指导，导致了孩子与同学关系的紧张。

生活习惯的改变

快速发展的社会改变着人们的生活习惯，孩子的交友困惑也是当今社会的一个缩影。我们常常会看到一群孩子聚在一起，一人一部手机玩得不亦乐乎，却忽略了坐在身旁的朋友，朋友相聚的意义也不复存在，场面相当尴尬。交友困惑不仅仅是孩子的成长问题，更是一个社会问题，因此对孩子进行指导显得非常必要。

刚刚升入高中，如何指导孩子建立良好的同学关系，家长可以从以下三点入手。

事前预设

《黄帝内经》曰："上工治未病，不治已病。"教育也要讲究未雨绸缪，否则，处处落后，处处被动。指导孩子建立良好的同学关系，要学会提前预设，尽量将问题消灭在萌芽状态。要做到这一点，家长可以在暑假提前进行以下三步工作：第一步，家长和孩子分头收集相关信息。家长可以回忆自己当年的情况，也可以找同事、同学、朋友了解情况，孩子可以找到师兄师姐、哥哥姐姐获取信息。可以参考收集以下信息：孩子即将进入高中，在与新同学建立关系的过程中，可能会遇到哪些问题，需要家长进行哪方面的指导。第二步，召开一次家庭会议。进入高中，与新同学建立关系的过程中可能会出现的问题有哪些？家庭成员畅所欲言，分享自己收集到的信息，由孩子担任会议记录员，将大家的发言详细记录。请孩子根据自己的个性特点，从中找出2~3个最可能困扰自己的问题。第三步，家长可以结合孩子选出的问题，有针对性地进行指导。创造机会让孩子在假期中运用这些方法改善自己的人际关系，为进入新学段做好准备。

事中干预

孩子刚刚进入高中，特别是开学后的前两周，家长可以适当打电话联系孩子，或是利用周末的时间和孩子聊聊学校的生活，如"你们宿舍的同学怎么样""和同学相处愉快吗"。孩子回答时，家长要注意察言观色，留心孩子说话的语气、态度，观察孩子说话时的表情、情绪，只要细心观察，一定能从中解读出孩子的交友密码，及时发现问题，适时干预。

此处列举孩子在刚刚升入高中与同学建立良好关系过程中的一些常见问题和基本指导方法，供家长参考。问题一，不知如何与新同学打招呼。家长可以给孩子列举适宜同学首次见面谈论的话题，如"你来自哪一所初中""你住在哪间宿舍"。问题二，因为生活小事与宿舍成员发生摩擦，如有同学洗漱动作较慢打扰他人休息，有同学长时间占用卫生间影响他人使用。家长可以引导孩子思考：摩擦发生的原因有哪些？哪些原因是属于原则性问题，不能妥协的；哪些原因不属于原则性问题，应当包容的，如何礼貌地向对方表达你的意见。问题三，孩子与来自同一毕业学校的同学形成小团体。刚进入新班级，孩子与自己的老同学"抱团取暖"是非常正常的现象，家长可以先不干预，留心观察，一般情况下，随着同学间日常交往的增多，孩子会逐渐走出小团体，结识新朋友。但如果开学一段时间后，孩子的交友仍局限在小团体，那么家长就要及时干预。家长可以分析孩子"抱团"干什么，是共同学习、一起进步的积极小团体，还是"抱团"排挤其他同学的"恶势力"？如果是后者，家长要引导孩子换位思考：如果自己被同学排挤，会有什么样的感受？注意加强孩子的规则意识和法律意识，让孩子认识到必须约束自身行为，不给他人带来伤害。

事后维权

如果孩子不幸遭受了校园欺凌，家长要及时运用法律武器，保障孩子的身心健康。2020年10月17日，第十三届全国人民代表大会常务委员会第二十二次会议第二次修订《中华人民共和国未成年人保护法》，自2021年6月1日起施行。本次修订首次对学生欺凌进行定义，要求学校建立学生欺凌防控工作制度，对教职员工、学生等开展防治学生欺凌的教育和培训，制止学生欺凌行为，及时向公安机关、教育行政部门报告严重的欺凌行为，这是被欺凌学生和家长保护自身权益最有力的武器。欺凌事件发生后，家长应以法律为依据，冷静、理性地与学校沟通，了解事情真相，商讨解决对策，构筑"法律—学校—家庭"三位一体的反欺凌保护屏障；家长要注意保留好相关证据，必要时可向有关部门提出法律诉求；家长还需要及时关注孩子，给予孩子无条件的爱，做好孩子的心理疏导工作。

经验之谈

开学前夕，子轩妈妈走进孩子的卧室，郑重其事地交给孩子三个精美的锦囊，"这三个锦囊可以帮助你在新学校找到新朋友"。子轩半信半疑，他打开了锦囊。第一个锦囊：微笑。微笑不分地域、性别、立场，是最好的交友通行证。孩子，请你带上微笑出发，笑脸迎人，它会帮助你找到新朋友。第二个锦囊：勇气。开启一段崭新的旅程，结识一群新朋友，需要勇气。孩子，请带上勇气出发，主动向同学们问声"早上好"，相信你会得到积极的回应。第三个锦囊：包容。一样米养百样人，每个同学来自不同的家庭，接受不同的教育，有自己独特的经历和故事，这决定了不同人会有不同的性格和想法，也正因为每个人都有自己的独特个性，这个世界才如此绚烂多彩。孩子，请你带上包容出发，多站在对方的立场看问题，尊重差异，理解差异，学会求同存异。读着妈妈精心准备的交友锦囊，子轩非常感动。

子轩妈妈是位细心的家长，能提前预设，精心准备，用仪式感满满的锦囊代替唠唠叨叨的叮嘱，不仅教给孩子建立良好同伴关系的具体可操作的方法，也让孩子充分感受到妈妈的爱，拉近亲子关系。当然，交友锦囊还可以有很多，家长可以根据孩子的个性，私人定制适合孩子的交友锦囊。

亲子活动

结合实际情况回答问题：

刚刚升入高中，孩子与同伴相处可能会出现哪些问题？你可以开展哪些有针对性的指导？

六、如何指导孩子建立良好的师生关系

老师是孩子学习路上的引路人、同行者，如果孩子能与老师建立良好的关系，"亲其师，信其道"，尊敬老师，虚心向老师学习知识和做人的道理，良性互动，必将推动孩子的健康成长。那么，家长应如何指导孩子跟老师建立良好的师生关系呢？

案例阅读

小林的初中英语老师黄老师是位温柔有爱的年轻女老师，教学基本功过硬，上课幽默风趣，工作认真负责，关心学生。更难得的是，黄老师很懂孩子的心，知道孩子喜欢玩的游戏、正在追的电视剧、崇拜的明星。小林特别喜欢黄老师，觉得她可亲可敬，就像一个大姐姐。顺利升入重点高中后，小林迎来了新的英语老师刘老师——一位粗犷爽朗的男老师。和黄老师相比，他的教学方式比较粗线条，很少检查学生单词、课文的背诵情况，也很少评讲习题。小林很不适应刘老师的教学方式，觉得刘老师的口语语速太快，课堂容量太大。小林很难跟上刘老师的教学进度，渐渐地，他上课开始打瞌睡，不完成作业，英语成绩排名下跌至班级倒数。家长严厉批评了小林，小林却非常不服气："能怪我吗？这个英语老师不会教书，不负责任。如果还是黄老师教我，我的成绩肯定不会这样。"小林把责任全部推给了刘老师。听着儿子的抱怨，家长也觉得是老师导致孩子成绩下降。家长跑到学校向班主任投诉刘老师，列举了刘老师的种种"罪状"，要求更换老师。学校没同意，家长索性跑到校长办公室，大吵大闹，场面不可收拾。

问题分析

案例中家长来到学校投诉的主要原因是孩子进入高中，无法适应新老师的教学方式，师生关系紧张。但跑到学校大闹一番就能帮助孩子建立良好的师生关系，顺利适应高中的学习和生活吗？答案显然是否定的。可见如何指导孩子建立良好的师生关系是摆在家长面前的重要课题。那么，孩子和老师相处会遇到哪些问题？家长可以怎样引导孩子建立良好的师生关系？

案例中的小林很不喜欢他的高中英语老师，原因何在？初高中学习任务、教学方式有很大的不同，加上两位英语老师的个性迥异，小林一时难以适应。小林没有及时调整心态，也没有主动与老师沟通，从内心排斥刘老师的教学，不听课、不完成作业，消极对抗，导致成绩一落千丈。家长没有保持冷静，站在孩子一边，偏听偏信，把矛头对准刘老师，不仅不能解决问题，还火上浇油。面对孩子来到高中出现的师生关系问题，家长的做法一般来说有以下三种。第一种，给孩子出口气型。这一类型的家长听信孩子一面之词，没有加以客观分析，听到孩子的抱怨便认定责任在老师，与老师发生激烈冲突。第二种，忍气吞声型。这一类型的家长一口咬定问题出在孩子身上，会反复告诉孩子，要尊重老师，引起孩子的不满。第三种，桥梁纽带型。这一类型的家长能冷静思考，明确自身定位，成为孩子和老师沟通的桥梁与纽带，尽力缓和师生关系。可见，面对师生关系问题，家长的角色定位是否得当，决定了其能否对孩子进行有效指导。

────·成长原理·────

从"自己人效应"看学生喜欢怎样的老师

所谓自己人，是指对方把你与他归于某一方面同一类型的人，"自己人效应"是指对自己人所说的话更容易接受和信赖。怎样的老师能成为孩子的"自己人"？这个阶段的孩子有自己一套标准：外表上，俊男美女型老师更容易成为孩子的"自己人"；专业能力上，孩子更偏好能力过硬、有过人本领、有一手专业绝活的老师，比如能写一手好字的语文老师，能徒手准确绘出世界地图的地理老师等；个人风格方面，愿意用平等的朋友方式与学生交流的老师容易得到学生的青睐；兴趣爱好方面，能懂学生玩的手机游戏、正在热播的综艺节目、当红明星的老师更能受到学生喜欢。孩子喜欢某位老师，会在这位老师的课堂上认真听讲，课后按时按质按量完成作业，这一科的成绩自然而然不断进步。相反，孩子也容易因为不喜欢某位老师而讨厌这一科，使成绩一落千丈。

从高中生心理特征看不良的师生关系

首先，冲突的师生关系。有些孩子会因为老师的批评，或者因为不喜欢老师的某一方面，对该老师"有意见"，这是因为他们的世界观、人生观、价值观正在快速形成中，他们心目中好老师的标准较为单一、片面，出现不能客观全面地评价一位老师、不能正确看待老师的批评教育的情况。其次，疏远的师生关系。有些孩子虽然不排斥新老师，却与老师保持较大的距离，遇到问题不敢向老师请教，这也与孩子的阶段性特征有关。高中生的情感、意志也在发生着深刻的变化，和初中相比，他们的情感会相对内敛些，喜怒哀乐不再完全写在脸上，会让人感觉更羞涩一些。他们的成人意识不断提升，当他们遇到问题时，不会马上想到向老师求助，甚至会羞于向老师求助。他们也更加注重自我隐私的保护，不会轻易向老师敞开心扉。最后，过于亲密的师生关系，偏离了正常的轨道，同样需要家长合理地引导。

———— · 方法指导 · ————

老师的引领对孩子的成长至关重要，如何指导孩子与老师建立良好的关系，家长可以从以下三方面开展工作：

面对冲突的师生关系，客观公正处理

1. 当好沟通的桥梁

当师生发生矛盾或孩子抱怨老师，又或是老师向家长反馈孩子情况的时候，家长的态度和做法非常关键。家长阅历更加丰富，能足够理性地去分析和判断，不偏听一面之词，要尽量保持客观、公正、中立的态度，当好老师和孩子沟通的桥梁。面对老师反馈的孩子的问题，家长要保持自己情绪的稳定，心平气和地把问题转达给孩子。如果家长大声斥责孩子，孩子就会将矛头指向老师，认为老师在煽风点火。同时，家长要引导孩子思考，帮助孩子正确理解老师的批评：老师反馈信息说明他在关注着孩子，说明他是位负责任的老师。老师反馈信息的目的不是投诉，而是为了孩子能够更好，这与家长的目标是一致的，老师和孩子是学习成长路上的伙伴，彼此信任，相互合作，孩子才能走向卓越。面对孩子对老师的抱怨，家长可以耐心倾听，帮助孩子发泄不良情绪，这将有助于孩子恢复理性思维。等孩子情绪平静后，再与他一起思考：对老师的评价是否客观公正？为什么会出现这些问题（包括外在客观因素和老师的主观因素）？哪些问题是可以在短时间内解决的？自己可以为问题的解决做些什么？

2. 传播正能量

家长要向孩子传递积极的信息，以身示范，这有利于建立积极的师生关系。首先，家长要向孩子传递尊重。尊重是人与人相处的首要原则，家长要引导孩子尊重老师，包括尊重老师的人格、劳动成果、个性和风格。然后，家长要向孩子传递感恩。家长可以和孩子一起回忆，过往的求学岁月中老师对孩子关心爱护、嘘寒问暖、耐心指导、包容体谅的情景。这些回忆会让孩子真切地感受到老师为自己的成长不断努力，让其感恩之情油然而生。最后，家长要向孩子传递包容。老师也是平凡人，也会有自己的个性追求，也会有优点和不足，老师的精力也是有限的，无法关注到每一个学生的需求。所以老师也需要孩子的包容和体谅。

3. 合理提出诉求

当然，老师反馈的问题有失偏颇或者教育教学方法失当的情况也是可能存在的。家长可以保留意见，但建议不要在孩子面前公开指责老师，这样会破坏孩子对老师的印象，激化矛盾，而且会让孩子觉得家长站在自己一方，更难以冷静思考，寻找自身的原因。家长可以以身示范，平静、合理地向老师表达诉求，不指责、不抱怨，对事不对人，聚焦问题的解决，提出建设性的建议，与老师保持同心同向。也可以鼓励孩子主动向老师说明情况，消除误会。这不仅有助于解决师生矛盾，也给孩子示范了正确处理矛盾的方法。

面对疏远的师生关系，多加鼓励支持

高中生大多住校，在学校学习和生活的时间远远超过在家的时间，老师与孩子朝夕相处，共同奋斗。家长要鼓励孩子在遇见老师时，笑脸相迎，亲切地问声"老师好"。鼓励孩子遇到难以解决的问题要积极请教。教学相长，老师也很希望听到学生的声音，借此了解学生，以帮助老师改进教学。老师都喜欢虚心好学的学生，都愿意帮助这样的学生成长。生活中遇到问题，自己难以解决时，同样可以积极寻求老师的帮助。

面对过密的师生关系，游戏体验感悟

有些孩子与老师关系亲密，超出了一般师生关系的界限，家长可以借助游戏，让孩子通过参与、体验和感悟来改变认知。如邀请孩子一起参与运气球游戏：家长和孩子两人合作，用手之外的身体部位运送气球到达指定地点。在游戏中，孩子可以感悟到人与人之间应当保持合理的界限和距离。

如果出现了老师侵犯孩子权益的情况，家长要及时利用法律武器维护权益。2021年1月1日开始施行的《中华人民共和国民法典》明确规定："违背他人意愿，以言语、文字、图像、肢体行为等方式对他人实施性骚扰的，受害人有权依法请求行为人承担民事责任。"教育部印发的《中小学教师违反职业道德行为处理办法》和《未成年人学校保护规定》中都有明确禁止教职工与学生

发生恋爱关系、性关系，禁止有任何形式的猥亵、性骚扰行为。家长应该和孩子一同学习这些法律法规，保有基本行为底线，增强法律意识，保障自身合法权益不受损。家长要包容、理解孩子，鼓励孩子勇敢说"不"，成为孩子的坚强后盾。

经验之谈

　　孩子不喜欢科任老师，家长该怎么办？黄女士给出了自己的"标准答案"。黄女士的儿子经常被老师批评、留校，一次竟被留到晚上7点半，原因是孩子不喜欢英语老师，不背英语课文。虽然黄女士并不完全认同老师的做法，但她冷静对待，不指责抱怨。她认真倾听了儿子的理由，接纳了孩子的情绪，承认老师的做法确实有值得商榷的地方，同时引导孩子查找自身的原因："学英语，'说'是一个很重要的方面，不能学成'哑巴英语'。"黄女士还引导儿子思考老师留堂的用意："老师的目的是希望你进步，而且老师是长者，要尊重他们。你想想，老师留你背书，老师自己也不能回家，可谓尽职尽责，对这份辛苦你要心存感激，对自己不完成作业的做法应该感到内疚。"黄女士还告诉儿子，每一位老师都有自己的教学风格，必须学会适应，从不同风格的老师那里有所收获。同时，黄女士积极与英语老师交流，希望老师能在儿子有了小进步后及时鼓励他。渐渐地，孩子恢复了学习英语的热情。

　　黄女士的教育方法充满了智慧。面对孩子对老师的不满，她先是耐心倾听儿子的声音，帮助儿子疏导不良情绪，也有助于自己全面了解事情真相，而不是在第一时间就给儿子扣上"帽子"，劈头盖脸开骂。这是黄女士能成功引导孩子改善与老师关系的关键一步，正是因为这一步，后续引导孩子换位思考、体谅老师不易的教育才能走进孩子的心灵。

亲子活动

尝试思考并回答以下问题：

1. 你的孩子最喜欢的老师是哪一位？孩子喜欢这位老师的哪些特质？

2. 你的孩子是否曾与老师发生过矛盾？或者孩子是否曾向你抱怨过哪位老师？你当时是怎么做的？现在的你会如何回应孩子？

第三单元　如何帮助孩子做好生涯规划

　　当今社会日新月异，新高考给予孩子更多选择的可能，孩子个性化需求增加。面对这些"变"和"新"，家长要如何用科学、专业的方式帮助孩子先立足当下，再展望未来？人生没有倒回键，生涯规划不是限制孩子的未来，而是让孩子有意识、有方法去探索外部世界，发现自身特点，努力成为自己想成为的人。作为家长，你可以给孩子提供什么帮助呢？

七、如何帮助孩子结合自身特点进行选科

面对新高考选科，孩子可能会迷茫纠结，家长应帮助孩子从兴趣、能力、性格、价值观等角度认识自身特点，让选择变得有方向、有依据、有预期。具体该怎么做呢？请结合文章内容，在理论指导下进行实践吧！

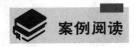 **案例阅读**

小伊和父母近期争执不断，主要是因为小伊和父母在高考选考科目上意见不一致。小伊需要进行"3+1+2"的科目选择，"3"是指语数英三科，"1"是指在物理和历史二选一，"2"是在剩下的化学、生物、地理、政治四科中挑选两科作为高考科目。

小伊觉得物理、化学对他而言难度较大，并且跟他关系好的几个朋友都选择了历史，他希望自己也能选择历史且避开物理和化学。可是小伊的父母却有不一样的想法，他们凭借丰富的社会与生活经验，觉得男生学理学相关学科会比较好，尤其是选择物理的话，报考大学时可选专业较多，它们多为热门专业且较容易就业。

眼看学校要求的选科志愿表上交的时间就要到了，小伊还是没能跟父母达成一致，小伊甚至认为父母不在意自己的感受，没有从自己的实际出发：物理是很好，但是不一定适合自己。小伊的父母也很生气，他们无法理解小伊为什么不愿意选择未来填报志愿时有更多选择的物理。

问题分析

选考作为高中阶段必须面对的大事，对学生的影响非常大。选考时，很多孩子和家长会有困惑或纠结。现行高考政策给了孩子选择的权利，但是也需要孩子具备选择的能力。在面对选考科目的选择时，家长需要为孩子提供指导和帮助。作为家长，我们可以怎样提供科学的指导和帮助呢？

案例中的问题主要是小伊和父母就选科问题沟通时，双方都是凭借自己的感性认识做出决策，没有科学的指导。我们先从家长的角度进行分析，面对"3+1+2"的科目选择，家长可能会出现以下几种情况。第一种，任由孩子自己选择的"自由型"。孩子比较独立自主，父母对于选考不是很熟悉或者对孩子非常信任，完全听从孩子的想法，由孩子自己决定。第二种，听取他人建议的"盲从型"。家长有自己交流孩子问题的小团体，这个团体可能是由家人、同事朋友、学生家长等组成，团体成员提供很多参考意见，或者是所谓的"成功经验"，让这种类型的家长坚定信念，走一条靠谱、有效的道路。第三种，阅历丰富的"经验型"。家长见多识广，对于新高考的政策也有详细的了解，面对社会环境和孩子未来发展有着比较清晰的认识，用多年总结出来的经验，为孩子出谋划策。第四种，具备专业知识的"专家型"。家长具备一定的职业生涯规划、心理学、教育学等专业知识，能够全面分析自己孩子的特点，并且结合社会需要、学校情况等给予孩子专业指导。凡此种种，都说明了家长的态度和做法会影响孩子的决策及未来生涯发展。

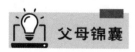

父母锦囊

———— **· 成长原理 ·** ————

孩子在面对选科时出现的茫然或者盲从状态，我们可以理解并进行科学分析：

从自我认知的角度分析，每个人都是独特的个体。孩子年龄增长的同时，对自我的认知和探索的需求也在增强，孩子希望了解自己、接纳自己，并且在面对重大选择的时候，希望可以有更多自己的想法。但是因为孩子还处于能力培养期，实际能力不能匹配内心想法，因而在面对问题时会出现迷茫。

从社会阅历的角度分析，孩子年龄较小、阅历有限，对于社会的认识也是片面的，对很多职业、专业感到陌生甚至是闻所未闻的，因此孩子在做决策的时候信息会不充分、认识不全面。

从他人影响的角度分析，当孩子处于犹豫纠结阶段时，非常容易受他人决策的影响，尤其是朋友。朋友是孩子的重要他人，朋友的选择会让孩子产生依赖感和信任感，使孩子也希望能跟朋友有相对一致的决策。

—— · 方法指导 · ——

家长对自己的孩子需要有比较深入细致的了解，才能结合自己孩子的特质进行高考科目的选择。我们可以从兴趣、能力、价值观这三个角度来了解自己的孩子，并在综合考虑后进行选科决策。选科决策的基本思路是：通过探索孩子的个人特点（包括兴趣、性格、能力、价值观等），寻找适合孩子的职业，这些职业对大学专业有一定的要求，新高考对每个专业都有高中学科选考的规定，可以从大学专业对选考科目要求这个角度进行选择。

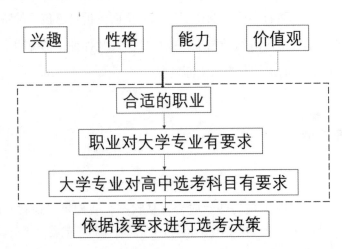

发现孩子的兴趣

兴趣是最好的老师，家长需要了解孩子的兴趣，才能有针对性地指导孩子进行选科。了解孩子兴趣的方式有多种：

第一，借助兴趣测评工具进行自测。比如我们可以借助美国职业指导专家霍兰德编制的霍兰德职业兴趣自测。该测评工具是霍兰德根据他本人大量的职业咨询经验及其职业类型理论编制，根据兴趣不同将人分成了六种不同类型，每种类型都有对应的、合适的职业推荐，这是相对直观的人职对应形式。

第二，寻找专业的职业生涯规划师进行咨询。目前市场上已经有较多的资深正规生涯咨询机构，甚至学校也有专门的生涯咨询老师，家长可以带着孩子前往相应机构进行专业的咨询。

第三，在活动体验中寻找兴趣。家长可以与孩子一起在活动体验中寻找兴趣，以孩子在生活中的兴趣为例，如果孩子喜欢篮球，那么可以深入分析，孩子是喜欢篮球场上的掌控感，还是与同伴合作的愉悦感？选掌控感的孩子倾向于E型（事业型），选合作的孩子倾向于S型（社会型）。这样的非正式谈话形式需要家长对霍兰德职业兴趣理论有更加深入的学习认识。需要注意的是，霍兰德兴趣代码只是一种参考方式，不能据此给孩子设限，孩子未来的发展还有无限可能。

了解孩子的性格

"性格决定命运"，一个人的性格影响着他的心理变化和行为方式，进而对其个人发展产生深远影响。发现孩子的性格特征，寻找与之对应的职业，由未来职业倒推大学志愿填报和高中选考，也是一种方式。美国心理学家迈尔斯·布里格斯推出了MBTI职业性格测试，家长可以带孩子进行相关的性格测试，发现孩子的性格特点。

通过测评可以获得一组四个字母的代码，每一组代码都会有对应的职业参考，如测评结果为ENFJ，该性格特点为温情、反应敏捷、有责任感；高度关注他人的情绪需要和动机；忠诚，对赞美和批评能很快回应；社交活跃，在团体当中能惠及他人，有启发人的领导才能。所对应的职业多为教师，主要负责教学（教导）、艺术，或者其他能够帮助别人在情感、智力和精神上成长的职业。

关注孩子的能力

美国哈佛大学心理学教授加德纳认为人的智力不是单一的，而是多元的，主要由八种智能组成，即语言智能、数学逻辑智能、运动智能、空间智能、音乐智能、人际智能、内省智能、自然智能。能力与职业的关系联系紧密，以语言智能为例，如果在语言智能方面表现突出的孩子，可以考虑作家、演说家、记者、编辑、节目主持人、播音员、律师等职业。

多元智能不需要进行测评，家长通过对孩子平时的观察可以看出其自身优势能力所在。如果孩子能够顺利而高效地利用语言描述事件、表达自己的想法并与人进行沟通，那么说明孩子在语言方面是有一定的优势能力；如果孩子学习时习惯通过推理来进行思考，喜欢提出问题并执行实验以寻求答案，寻找事物的规律及逻辑顺序，说明孩子可能在数学逻辑智能方面有一定优势。

明晰孩子的价值观

价值观可以从不同角度去分析，我们这里主要讲述的是职业价值观。职业价值观可以理解为人们在工作中最重视和最想得到的东西。美国职业生涯专家舒伯总结了15种最普遍的职业价值观，分别是美的追求、安全稳定、工作环境、智性激发、独立自主、多样变化、经济回报、管理权力、帮助他人、生活方式、创造发明、上级关系、同事关系、成就满足、名誉地位。如果孩子的价值观主要侧重于经济回报，那么孩子在进行职业选择时可以考虑一些收入高的职业，比如企业高管、律师等；如果价值观侧重于独立自主，孩子可以考虑未来自己创业或者是自媒体等自由职业。

如何帮助孩子找到自己关注的职业价值观呢？父母可以尝试跟孩子进行价值澄清的游戏。比如，让孩子在15种职业价值观中挑选他最在意的5种，然后提问：如果要去掉其中的一种，会去掉哪一种，为什么？一个一个不断舍弃，直到剩下最后一个，这个孩子最不愿舍弃的职业价值观，有可能会对他的职业选择产生极大的影响。

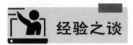

一位母亲带着一个小男孩去游玩，其他孩子都在愉快地享受田野风光，有的在爬山，有的在游泳，有的在做游戏。而这个小男孩显得非常特别，他孤零零地坐在河边，呆呆地望着湖面，不说话也没有其他动作，持续很长时间。朋友们都悄悄告诉这位母亲，说这个孩子可能有病，越早治疗，康复的可能性就越高。这位母亲坚定地告诉所有人："我的孩子没有毛病，我了解他，他不是发呆，他是在思考，他未来一定会成为一位优秀的大学教授。"

这个小男孩就是爱因斯坦。不得不说，爱因斯坦是非常幸运的，因为他有一位了解他的母亲。母亲知道爱因斯坦对科学的兴趣，了解爱因斯坦的思考方式，也坚信自己孩子具备学习能力，她一直确信自己的孩子会成为科研方面很厉害的人，从来没有怀疑过自己的孩子，在孩子很小的时候就告诉他："你会是一位优秀的大学教授。"

每个孩子都是独特的，他们有自己的兴趣、性格、能力和价值观，在思维和行为处事上，都有自己不一样的表达方式。家长了解孩子，帮助孩子找到适合自己的发展方向，就算孩子不能成为如爱因斯坦般著名的科学家，至少也可以让孩子在自己的人生中，过得更加幸福、有满足感。

《决策平衡单》罗列内容是面对多种选择时常用的解决问题方式。它可以帮助人们理性分析问题，权衡利弊，做出相对符合自己需求的选择。上文介绍了从孩子自身兴趣、能力、性格、价值观出发，进行选考考虑，如何综合考虑以上因素做出决策？可以参考下面《决策平衡单》的使用方法。

决策平衡单			
考虑因素	重要度（1~10）	物理	历史
学科兴趣			
学科能力			
性格匹配			
价值取向			
专业倾向			
高校要求			
有成就感			
家人支持			
老师建议			
同学建议			
总分			

《决策平衡单》使用方法：第一步，把你需要选择的项目填入表内选择项目中，比如王佳在物理和历史二选一上面纠结；第二步，列出面临选择的问题时你所考虑的因素，如王丽对学科兴趣、学科能力、价值取向等方面比较在意；第三步，对你所考虑的因素进行重要度打分，1~10赋值，数值越大说明你越重视那个因素；第四步，打分，根据每个选择方案中的要素进行打分，越有优势得分越高，计分范围是1到10之间；第五步，算分，将每一项的得分乘以重要度，得出分数；第六步，统计总得分，将每一个选择方案各项因素得分相加，得出每一个选择方案的总得分。

当总分出来后，分数值高的，可能比较符合你需要的选项，但是这个不是绝对的，只是参考；如果某个选项的总分很低，但是你依然希望选择它，那么你就该问自己，到底是什么在影响你的选择，这个因素可能就是你最在意的。

八、如何帮助孩子认识职业世界

孩子身处象牙塔却没有与职业世界隔绝，孩子会接触到不同职业的人，会对一些职业感兴趣，也会产生未来可以从事什么职业的疑问。与其让孩子停留在好奇与猜想阶段，还不如帮助孩子用科学、有效、安全的方式去认知职业世界，建立职业理想。

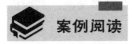
案例阅读

小丽小时候对"长大以后想做什么"的问题都是毫不犹豫回答"科学家"，因为科学家很酷，可以创造许多新奇的东西，造福社会，身边的人都说科学家很棒。可是到了高中，小丽需要为自己未来职业发展进行深度思考和理性选择时，她反而不知道该选什么。一方面，因为高考需要小丽在选考、志愿填报等环节中思考自己的未来发展方向；另一方面，她也认为，当知道自己是在为了更加美好的未来而努力时，也会有更强大的动力。所以小丽想要认识更多的职业。带着对职业的好奇，小丽向父母询问他们在职场上的事情，比如父母的工作内容、工

作时间、薪酬等，可是父母并不愿意跟小丽说太多，只是让她安心学习就好，跟职业有关的事情，等到她工作了，自然就会知道。

随着时代的发展和高考选考要求，学科选择影响未来职业方向，从事什么职业这个难题不再是大学毕业前才要考虑的，在高中甚至初中就已经引起孩子和家长的重视。案例中，小丽对于职业已经有想要探索的想法，但是小丽的父母却不愿意过多地跟孩子交流。小丽的父母为什么不愿意说？身为家长的你，是否愿意跟孩子交流职场的事情呢？是否有清晰的思路和方法进行交流呢？

 **问题分析**

当小丽向父母询问他们在职场上的事情时，父母不愿意过多交流，其原因可能有以下几点：第一，父母认为孩子高中阶段的主要任务是学习，过多了解职场情况会分心，甚至可能萌发走入社会的想法，不利于潜心踏实学习；第二，父母本身对于自己的工作不是很满意，尤其是当孩子想了解父母的薪酬等内容时，更加让父母感到尴尬；第三，父母认为孩子提前了解职场相关内容是没有意义的事情，不应该浪费时间和精力去探讨相关问题；第四，父母不知道应该怎样给孩子描述，怕误导孩子，干脆不说。

以上是小丽父母不愿意跟孩子交流职场事情的可能原因，在现实生活中，当孩子向父母提出想要认识职业时，父母有哪些应对方式呢？

父母帮助孩子认识职业大概有三种情况。第一种资源丰富型。这一类家长涉猎广泛，对很多职业都有比较多的了解，可以提供丰富的信息给孩子，甚至可以利用人脉资源，带领孩子去感兴趣的公司参观。第二种自我剖析型。因为熟悉自己所从事的职业，这一类家长会将自己的职业给孩子进行细致的介绍，包括职业中的喜怒哀乐、职业价值、职业精神、职业发展等内容，但是有可能因为从事该职业，也深入了解该职业的艰难，所以会在介绍时加入比较多的个人情绪，特别是对职业的不满。第三种不管不顾型。家长完全放手，不愿意跟孩子过多讨论职业，认为孩子未来进入工作环境就会慢慢了解。

父母锦囊

—— · 成长原理 · ——

从孩子的思维和智力角度分析，高中生智力发展已经接近成熟，思维从经验型向理论型转变。因此，他们希望更加深入了解这个世界，并且在自己的事情上有做决策的能力和权力。孩子有这样的发展需要，如果父母能够为他们提供更多的条件，会有利于孩子思维能力的提升。

从心理特点分析，孩子对外部世界有较强的好奇心，但是又受限于现实条件。如果让孩子掌握更多的外部信息和资源，更加理智而全面地思考问题后做出决定，可以有效减少父母和孩子在决策上的冲突，也可使孩子更具责任意识。

从阅历角度分析，孩子阅历较浅，对于职业的认知有限，并且很难对职业进行客观而全面的评价和分析，如果父母加以正确引导，将更有利于他们的成长。

—— · 方法指导 · ——

探索世界和获取信息并不是很难的事情，有效利用身边资源，可以解决很多问题。

网络渠道，信息丰富

第一个要推荐的公众号就是"麦可思研究"，它会经常发布一些高等院校、专业就业报告，这些报告中的数据和反映的问题，对于高中孩子选择专业和未来职业有很重要的参考价值。特别是每年都会发布上一年度中国大学生《就业蓝皮书》，内容详尽，尤其是专科、本科中的红牌专业（就业率低）和绿牌专业（就业率高）颇受关注。总体而言，该公众号的特点是通过数据调查、统计，提供最新的大学生就业相关信息。

第二个要推荐的公众号是"人大人力资源"。该公众号由中国人民大学劳动人事学院人力资源与领导力开发中心主创，它面向社会群体，关注社会热点问题，站在职场的角度看薪酬、员工关系、就业机会等话题，是了解职场前沿信息，还原职场真实状态的高质量公众号。文章内容接地气、阅读难度小且话题吸引眼球。

第三个要推荐的是"阳光高考网"。该网站是教育部高校"招生阳光工程"指定平台，是最全的高等院校、专业汇集平台。以专业为例，它可以查询专业名称、代码，开设该专业的院校，以及每个院校的往年录取分数，内容丰富翔实，操作便利，极大地方便了学生和家长查询院校及专业信息。

家庭资源，职业宝库

从信息搜集的角度，家庭成员从事的职业信息是孩子最易获取的资源。孩子从小便看到最亲近的家人的职业状态，如工作的时间、强度、内容、收入等。当然，部分家长可能不愿意跟孩子过多聊起自己的工作，但是作为家庭成员，孩子通过观察和情绪感知会对家长的职业有一定的判断。因此，有的孩子会选择跟父母一样的工作，也有的孩子会下定决心不跟父母做同样的工作。到了高中阶段，与其让孩子去猜，家长不如带着孩子去体验自己的职业内容，或者坦诚地说出自己工作中的喜怒哀乐、收获与失落等，让孩子对一个职业的认识更加立体全面。

从资源获取的角度。以中医为例，如果是中医世家，孩子从小耳濡目染，并且家庭成员也可以提供更加专业的指导，这对孩子大学选择中医学科并且能够在中医行业有所发展是非常重要的支撑。另外，如果家庭成员在商场有一定的人脉资源，对孩子从商也会有很大的协助作用。

因此，父母和孩子可以在深入沟通的基础上，找到资源，并且对该资源进行最大化的合理利用。"站在巨人的肩膀上"获得更大的发展，不失为上佳之选。

职业体验，真实感受

如果有机会，建议孩子亲身参与职业体验活动，这样的体验活动可以选择在寒暑假等时间比较长的假期。在进行职业体验时要注意以下几点：第一，该职业专业技术要求相对较低且安全系数高，保障孩子安全是第一位，不对其他人造成负面影响也是必要的。第二，职业工作环境要适合高中生，比如不建议高中生在酒吧等场所进行职业体验。第三，进行体验时，尽可能让孩子全面了解该职业，带着目标展开活动。孩子在进行体验前要明确自己的目标，比如了解该职业的工作时间、内容、要求、薪酬、上升渠道以及价值观等，每天及时反馈总结，撰写体验日记。第四，由于时间有限，应尽可能让孩子体验多类型工作，可选工作内容跨度大、工作场景差异明显（如室内和室外工作环境差异、脑力劳动和体力劳动差异）等。第五，职业体验要经过相关公司的同意，并且不能违反《中华人民共和国未成年人保护法》等法律法规。第六，体验活动最好是孩子有强烈的参与意愿，"强扭的瓜不甜"，还有可能伤害孩子，得不偿失。第七，进行职业体验时，不仅是关注自己直接参与的工作，也要注意观察工作环境内的其他职业情况，比如在体验餐饮行业时，就可以观察店长、经理、厨师、服务员等多项职业的工作内容。

如果没有条件让孩子参与社会职业体验活动，家长也可以组织或带孩子参与角色扮演类活动，让孩子参与扮演某个工作角色，体验公司正常运作，认识需要承担的责任和履行的义务。另外，模拟招聘会等活动，也可以让孩子提前体验职场对就职人员的要求。

职业访谈，他山之玉

从他人身上获取自己所需要的信息，也是非常棒的途径。家长可以帮助孩子选择职业访谈对象、整理访谈内容、跟进访谈效果。在这里最难的就是整理访谈内容。

职业访谈的题目可以是封闭式提问也可以是开放式提问。如果是问卷，建议多采用选择和是非判断的形式，题量不宜过多，以保证受访者较高专注度；如果是面对面的访问交流，建议多用开放式提问，让受访者更容易袒露心声，讲述更多的内容而不是被选项限制。

职业访谈可以参考以下内容：您现在的职业名称是什么？您在这个行业工

作了多少年？您现在的职位是什么？您的工作内容和职责是什么？您的工作对个人专业知识和综合能力的要求有什么？您对自己工作的薪酬回报是否满意？您最喜欢自己工作的哪些方面？工作给您带来的最大困扰和不满是什么？您是否考虑过换工作？换和不换工作的原因分别是什么呢？您对自己行业未来发展有什么看法？

经验之谈

姚明，相信大家都很熟悉，他是中国著名篮球运动员。2002年度"感动中国"十大人物之一，其颁奖词为："他用高超的体育技能，在一个强手如林的国家运动项目中占有了一席之地，成就了很多人的梦想，更成为中国人的骄傲。他出色的表现和随时听从祖国召唤的爱国精神，使他带给人们的思考已经远远超过了体育本身……"2010年姚明被国家体育总局授予"体育运动荣誉奖章"。

在事业上能取得如此大的成就，姚明在多个场合表示自己的父母对自己影响巨大。他的父亲名叫姚志源，是国家男子篮球队前运动员，母亲名叫方凤娣，是上海女篮前运动员。父母都是篮球运动员，一方面给予了姚明身体素质方面的优势，其父亲身高2.08米，母亲身高1.88米，姚明身高2.26米；另一方面在兴趣培养、专业训练资源等方面父母也给予姚明许多支持。

4岁的时候，姚明人生中的第一个篮球就是父亲送给他的，那时父亲扔给姚明一个篮球，并告诉他，这个篮球从此就是他的了。从那以后，姚明就习惯了有篮球相伴的日子。在无数次训练过程中，父母的呵护、陪伴、专业指导，帮助姚明克服了一个又一个困难。

从姚明的例子中可以看到，父母的职业对孩子的影响非常大，家庭的经济状况、职业背景、成员受教育程度、社会地位及交际范围、对子女教育要求等，都会对孩子的择业方向和行为产生不同程度的影响。充分利用家庭资源对孩子进行正面积极的影响，对孩子职业发展具有良好的促进作用。

亲子活动

　　请让孩子利用假期，对自己感兴趣的职业进行探索。步骤如下：第一步，上网查询2021年最新修订的《中华人民共和国职业分类大典》，从大典中8个大类下1481个细类（职业）中挑选孩子感兴趣的10~15个职业；第二步，通过与家人朋友等交流，找到最有可能直接接触到的5~10个职业；第三步，通过职业体验、职业访谈等形式了解这些职业并填写表格。

职业探索报告			
序号	1	2	3
职业名称			
探索方式			
工作场景（环境）			
工作内容			
工作时间			
工作待遇			
社会认可度			
能力要求			
优缺点			
未来发展潜力			
在校期间可做准备			
……			

九、如何帮助孩子做好生涯管理

生涯管理究竟是管理什么呢？孩子可以做好自己的管理工作吗？怎样避免家长由"帮助"变成"主宰"？看了标题，家长是不是会有这些疑问呢？也许"生涯管理"这个名词家长不是很熟悉，但是它却是跟孩子密切相关的事情，良好的生涯管理方式，会对孩子的生活、学习和成长很有帮助。

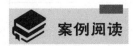

案例阅读

家长会后，老师单独找小明的家长谈话。交流中，小明妈妈得知自己的孩子在学校表现不佳，上课容易走神甚至打瞌睡，作业敷衍潦草。不过孩子对于学校活动倒是很热心，不仅是学生会干部而且还参与多个社团活动，课余生活很丰富。

回到家后，小明妈妈指责孩子只知道玩，学习方面不上进、不努力，懒散混日子。小明也非常生气，他冲妈妈喊道："我就是喜欢参加学校的这些活

动，搞活动的时候我觉得很开心，有时候上课也会忍不住想社团活动怎么开展。我一想到读书就觉得很迷茫，不知道为什么而读，你们总是让我努力学习，那我要往哪个方向努力，我该怎么努力呢？"

争吵过后，小明的妈妈也陷入了深思，孩子现在的状态让人担忧，如果任由其发展，高中三年恐怕就会荒废了。孩子现在长大了，粗暴打骂和强制要求不能奏效，究竟该如何帮助孩子呢？

 问题分析

小明热衷于校园活动，占用了较多的时间和精力，影响他在学习上的投入。小明也提出自己缺乏学习目标，因此产生迷茫的感觉。小明妈妈一开始用埋怨和指责的方式对待孩子的问题，不仅没有解决问题，还造成了亲子之间的矛盾和隔阂。如果是你，面对孩子这样的问题，你会怎么处理呢？

案例中小明的"散漫"和"迷茫"，一个重要的原因是他没有做好高中生涯规划与管理。高中生涯规划与管理是帮助孩子在清晰的目标指引下，进行高中学业、课余活动等内容的计划和安排，涉及最重要的内容是目标管理和时间管理。

家长在指导孩子进行生涯规划与管理时一般会有以下几种类型：第一种强硬管理型，家长会给孩子设计未来道路，在这个过程中，孩子没有太多自主决策的权力。第二种放任不管型，可能是因为家长工作特别忙，认为保证孩子衣食无忧最为重要，学习、生活等方面可以让老师协助和孩子自己管理。第三种指引辅助型，家长会在孩子重要的事情上给予指引，及时发现孩子在生涯规划与管理方面存在的问题，与孩子协作，共同想办法解决问题，给孩子最大的帮助，但不会代替孩子去完成应该由他自己完成的事情。不管是哪种类型的家长，其出发点都是希望孩子能有更好的发展。如果家长能有更加科学有效的方式帮助孩子，会给孩子更好的支持。

父母锦囊

——·成长原理·——

角色转换

仅仅暑假两个月左右的时间，孩子还没有明显感受到自己与初中的变化，高中生的角色已经在逼迫孩子转变。从初三中考冲刺的忙碌到暑假的放松休闲再到突然而来的高中繁重的学习任务，孩子需要一定的适应时间，也需要方法的指引和心理的辅导。角色转换只是一瞬间，但是角色所要承担的责任和压力，需要孩子逐渐接纳。

意识调整

这个时期的孩子，在做事情的时候会思考"我为什么而做"。自我意识的加强，使得孩子不愿只是去遵守外界给自己的规定，更多的是希望探索事件背后的意义，也更加关注自己内心的感受。

由此可见，高中三年，是孩子走向成人、成才的重要阶段，此时家长的陪伴和引导非常重要。

——·方法指导·——

引导孩子进行高中生涯管理，最重要的内容就是帮助孩子进行目标管理，为实现目标合理展开时间管理和确立具体实施计划，结合实际情况进行计划调整。具体过程如下：

帮助孩子进行目标管理

目标管理是美国管理学大师彼得·德鲁克提出的概念，它是一个自我发现的过程，可以帮助孩子梳理自己想要做什么、能够做什么，从而依据该目标进行具体行动，做好自己的高中生涯规划。有了目标的指引，孩子的高中生活才能清晰而有动力，才能绘制更美好的蓝图。

目标管理具体该如何进行呢？第一步设定目标。家长和孩子通过家庭会议的形式，讨论孩子未来发展的长远目标，比如考入某个大学或者从事某个职业。第二步分解目标。以考入某个大学为例，家长可以查询该大学每年的录取分数等信息，然后与孩子一起确定高中三年的年度目标、学期目标、月度目标和周度目标。第三步制订计划。为达成目标，指导孩子制订实施计划，保障目标可以实现。第四步实施计划。有了完整的计划后，需要家长配合保障计划的有效实施，比如给予孩子安静的学习环境、基本后勤保障、生活学习的经济支持等。

帮助孩子进行时间管理

家长可以给孩子提供时间管理的方法：

第一种方法是"时间管理四象限法"。按照事件的重要性和紧急性两个维度对事件进行分类。重要性主要体现在该事件是否与你的长短期目标有关，是否具有价值。紧急程度是这个事情是否需要你立即处理，而且不得不做。按照这样的方式，把一天当中的事情分成重要且紧急、重要且不紧急、不重要但是紧急、不重要且不紧急。重要且紧急的事情，比如明天就需要上交的各学科作业、下节课要进行的听写任务等，就要马上做；对于重要且不紧急的事情，比如本周内完成即可的作业、下周进行的比赛等，可以将它化整为零，每天完成一点点；不重要但是紧急的事情，比如清洁任务、饭堂打饭等，如果跟自己重要的事情产生冲突了，可以请他人帮忙，或者不要给自己提太高要求，仅仅完成这件事就行，不需要做到很完美；不重要且不紧急的事情，如闲聊、玩游戏、看电视等，最好别做，或者给自己限定时间，到了时间就必须停止。

第二种方法是"番茄时间管理法"。这种方法适合孩子对比较完整的自习、晚修时间以及放假在家时间进行管理。简单来说番茄时间管理法就是为了完成一项任务，将番茄时间设定为25分钟，在这个番茄时间内，专注于做这项任务，中途不能做任何与它无关的事情；25分钟到了，可以休息5分钟左右；如果这项工作耗时很多，就用多个番茄时间完成。孩子周末在家，可以将半天时间划分为多个番茄时间，第一个番茄时间完成英语朗读，第二个番茄时间完成数学习题，第三个番茄时间完成语文阅读，第四个番茄时间完成物理习题……每四个番茄时间可以增加一点休息时间，如延长到休息10分钟。

第三种方法是"时间饼图法"。家长准备好笔和白纸，在白纸上画一个圆，让孩子把自己要完成的事情罗列出来，并且将各项活动占用自己的时间比例在圆中画出。举例如下：

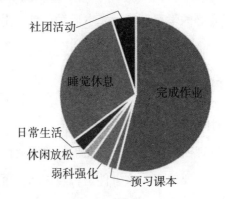

接下来，家长和孩子讨论，孩子对目前这样的时间和精力的投入有什么不满意的地方，让孩子把理想中的时间和精力投入分配图画出来。画完图后，家长和孩子来找差别，看如何调整可以尽量让孩子达到理想状态。

很多孩子只是觉得自己时间、精力不够，这是一种感性认识。孩子绘图的过程，可以更加具体清晰地看到自己的投入状态，这个具体可视化的过程对于孩子调整节奏、抓住重点很关键。因为每个人能够处理的事情是有限的，所以必须要有所取舍，找到自己最重要、最关注的点发力，不能被其他事情过多分散精力。

在上文的例子中，这个孩子主要的时间和精力放在了"完成作业"和"睡觉休息"上，如果他想要分配更多的时间给"弱科强化"，那么就要从其他项目中调出一部分时间。家长一般都不希望压缩孩子的睡觉休息时间，那么就可以在"日常生活"这个内容中，帮助孩子节省一部分时间。如条件允许的情况下，开车接送孩子上下学，这样可以节省交通时间，并且可以在车上听英语相关音频或是补充睡眠；在"社团活动"方面，孩子可以适当精简，不要参加过多社团，选择一个自己最喜欢的，或者是自己能力上最能做好的社团，集中力量做大事……

以上三种时间管理的方法，家长可以详细介绍给孩子，并且跟孩子一起进行商讨，用哪种方式更为合适。选择合适的方法后，家长跟孩子一起制订时间管理计划，提醒并监督实施，等孩子习惯之后，就可以放手让孩子自我管理。

帮助孩子进行计划调整

不管计划多么完美，现实总会有些突发状况。当孩子看到自己制订的计划被突发情况打断，或者自己的目标没有在指定时间内完成时，可能会出现焦虑、失望的情绪，这个时候就需要父母的安慰和指导。

首先，帮助孩子调整认知，让他们明白制订计划是为了帮助自己达成目标、提升效率，但它并不是绝对不能变动，出现突发状况是正常现象，不用太焦虑；其次，跟孩子一起梳理是什么原因导致目标无法达成或者计划被打乱；最后，根据现实情况调整计划和目标。

为了尽量避免计划不能实施的状况，建议在最初制订的时候尽量考虑突发状况出现的可能性，并且有相应的预案，特别是在时间安排上，要留出一定的机动灵活时间，如果时间被排得太满，很容易被意料之外的事情打断或干扰。

 经验之谈

有了目标，做好生涯规划，对孩子可以有多大的帮助呢？曾记得之前某品牌点读机的一句广告"哪里不会点哪里"，说出这句广告词的女孩名字叫作高君雨。如果说当年的广告让她家喻户晓，那么近期让她登上微博热搜的是梦想成真的故事。

高君雨说她从小就有一个目标——考取中国传媒大学。在实现梦想的过程中，父母给了她最大的支持和帮助。为了考取中国传媒大学，高君雨不仅要努力学习文化知识，还需要参加合唱训练、各种主持活动等。她的父母为孩子寻

找专业老师训练她的基本功，陪伴她辗转各个舞台，锻炼主持技能，培养舞台自信。通过多年的努力和积累，高君雨面对镜头，落落大方，散发着自信光芒，最终考入理想的大学。

故事并没有结束，高君雨的父母非常有远见，在培养孩子的过程中，他们不仅仅局限于眼前的得失，而是更加注重孩子的未来规划，特别是将个人的发展与国家的进步联系起来。在父母的影响下，高君雨有着更远大的目标：希望通过自己的努力，传播中华文化，让世界了解中国。相信高君雨为了这个目标，会更好地规划和管理自己的工作与生活，以梦为马，不负韶华。

高君雨是一个非常典型的有目标、有计划、有冲劲的少年。因为有前行的目标，所以她不忙乱，不纠结，一步步踏实努力，一点点靠近自己的目标。由此可见，做好生涯规划、有计划地前行，对于孩子而言是非常重要的事情。值得赞赏的是，高君雨的父母在孩子的整个人生规划过程中，帮助孩子确立目标，并且为她尽可能创造实现目标的条件，帮助她朝着目标前进，最终助力她成功。

 亲子活动

父母可以尝试与孩子一起制订《时间安排计划表》，督促孩子完成任务，并且提供足够的配套支持。

时间安排计划表

	周一	周二	周三	周四	周五	周六	周日
7：00—7：20							
7：30—8：10							
8：20—9：00							
9：10—9：50							
10：10—10：20							
10：30—11：10							
……							

第四单元 如何与孩子谈"情"说"爱"

友情与爱情都是人生宝贵的财富，孩子容易遭遇哪些情感困惑？家长应当如何与孩子谈"情"说"爱"讲"性"呢？

十、如何与孩子谈"情"

苏霍姆林斯基说:"友谊是培养人的感情的学校。"教育孩子懂得与人相处的原则与底线,学会处理人际间的小摩擦,建立良好的人际关系,努力在团体中扮演好自己的角色,不仅有利于孩子形成完善的人格,对孩子的社会化也大有裨益。那么,家长该如何与孩子谈"情"呢?

案例阅读

周末放学回家,本来只需要一小时的车程,小林却花了三个小时还没回到家。小林妈妈给他打电话,手机关机了。天色渐渐暗了下来,小林妈妈只好打电话给班主任,班主任立刻联系班上同学了解情况,有同学说看到小林和好朋友小黄一放学就离开学校了,好像是约好了去某处玩,可是老师、同学目前无法联系上他们。小林妈妈一听到孩子和同学小黄一起走了,非常着急,这两个孩子每次放学一起回家,都是先玩个天昏地暗,父母不找就不知道回家。她赶忙和小林爸爸一起去周围的公交车站、游乐场所、篮球场找他们。终于,小林

父母在离家2千米的网吧发现了正玩得兴起的小林和小黄。小林妈妈又气又急,迎上前去,劈头盖脸地批评一顿。看着父母被汗水浸透的衣服,小林低下了头。"你们每次放学回家,不是一起去网吧,

就是去看电影、打篮球，玩得天昏地暗，现在都几点了知道吗？你知道我们有多着急吗？"小林爸爸直接下命令："天天这样一起疯玩可怎么得了！以后不许你和小黄玩了！"小林一听到父亲的禁令，马上火了，"噌"地站起来："你管不着！你都可以和朋友打麻将到天亮，为什么我就不行！我和谁玩你管不着！"一场父母与孩子间的"大战"开演了……

问题分析

小林和父母之战的焦点，显然在于小林的朋友小黄。小黄是敌还是友？父（母）子给出的答案不同。确实，人的生活离不开友谊，纯洁的友谊是人生的宝贵财富。然而，要想得到真正的友谊却不容易，孩子重视和同学的友谊，也容易遭遇情感困惑，这就需要家长与孩子谈谈何为友情。那么，什么样的友情才是积极、健康、向上的呢？应该如何与孩子谈"情"才能避免出现案例中火爆的场面呢？

孩子喜欢和同学一起玩，愿意听同学的意见。但是，心智尚未完全成熟的他们很容易受到同学的影响，自控能力、辨别是非的能力还不够强，和同学疯玩而流连忘返的情况时有发生。随着身心不断发育，孩子渴望成为和家长、老师一样的"大人"，渴望平等，渴望能得到父母的尊重。看到父母为了找自己，急得团团转，半夜满大街跑，浑身衣服都湿透了，小林内心也是有些愧疚和自责的，所以他不好意思地低下了头。可是父母的当众批评，尤其是父亲说的"不许再和小黄玩"的禁令激怒了小林，让他感觉到没面子、不公平，为什么父亲能做的事情自己不能做！于是，他开始反抗。可见，和孩子谈"情"，需要家长的教育艺术，不当的谈"情"方式不仅没能起到指导作用，还会将孩子越推越远。

父母锦囊

——·成长原理·——

想要与孩子有效谈"情"，家长必须清晰了解"友情三问"：

第一问：为何需要友情

人类是天生的社会性动物，这决定了我们需要友情。一方面，从人的生理特性来看。科学研究表明，当我们沉浸在友情之中时，身体会分泌一种叫催产素的化学物质，这是一种哺乳动物激素，这可不是做母亲的专利，几乎所有人都会释放催产素，它帮助我们感受到爱。另一种"友情催化剂"是内啡肽，它是大脑分泌的氨基化合物，是天然的镇痛剂，能给人带来快感。另一方面，从心理发育特征来看。高中阶段的孩子，独立性和成人感不断增强，他们渴望摆脱父母、老师的束缚。同伴成为他们的重要他人，他们更加在乎同伴的评价、态度、关系，因此这一阶段的孩子更加注重友情。男生结成兄弟、哥们，女生喜欢和闺蜜分享小秘密。诗人李白说："人生贵相知。"孩子有三五知己，我们应该为其感到高兴，这是孩子弥足珍贵的人生财富。

第二问：何为健康友情

人本主义心理学代表人物罗杰斯对这种亲密关系作出了三点概括：能够向朋友表露自己的思想感情和内心秘密；对朋友充分信任，确信其自我表白将为朋友所尊重，不会被轻易外泄或用于反对自己；限于被特殊评价的友谊关系中，即限于少数的密友或知己之间。可见健康的友情是有高度保密性和安全性的。高山流水遇知音，伯牙摔琴谢知音，春秋战国时期的琴师俞伯牙和樵夫钟子期的友情为世人所称颂，可见健康的友情能跨越社会阶层、知识水平等，强调彼此能听懂对方的琴声（心声）。《庄子·山木》中谈道："君子之交淡若水，小人之交甘若醴；君子淡以亲，小人甘以绝。"君子的友情淡泊得如同清水一样，不因利益驱使，长久而亲切。小人之间的交往甜得像酒一样，却多因利益驱使。可见健康的友谊是纯洁的。

第三问：为何需要谈"情"

因为高中阶段的孩子容易陷入友情的困惑。第一，他们正处于世界观、人生观、价值观形成的重要时期，有时难以做出正确的价值判断，加上从众心理作祟，盲目跟风，跟着"哥们"走，不理性思考当下的行为是否正确，是否触犯道德、法律的底线。第二，孩子的意志品质未完全成熟，容易冲动，个性张扬，未能理解"和而不同""适当妥协是智慧"的相处法则。加上现今家庭孩子少，父母、长辈容易溺爱孩子，使得不少孩子自私、不懂得理解和包容他人，与同伴相处容易产生矛盾。第三，矛盾产生后男生容易选择用暴力方式解决问题，导致问题的恶化，女生则更倾向于冷战，表面风平浪静，实则煎熬痛苦，连带周边的同学都一同陷入"低气压"。建立良好的同学关系是高中生完善自身人格、迅速社会化的重要一环。有专家认为，个体由自然人向社会人转变的重要途径是社会交往，一个人对社会的适应能力归根结底表现为与周围人交往的能力和交往的状态。同学间的交往正是孩子开展社会交往、谋求合作共赢的演练场，高中阶段良好的人际关系，可以增强孩子的安全感和情绪的稳定性，影响孩子的人际交往价值观。可见，给孩子上好友情课非常重要。

—— · 方法指导 · ——

如何与孩子谈"情"，家长可以从以下几方面入手。

认识孩子：了解孩子气质

不同气质的孩子有不同的交友特点。气质是表现在心理活动的强度、速度、灵活性与指向性等方面的一种稳定的心理特征。人的气质是先天形成的，孩子刚出生时，最先表现出来的差异就是气质差异，有的孩子爱哭好动，有的孩子平和安静。古希腊医师希波克拉底将人的气质分为四种不同的类型：多血质、黏液质、胆汁质、抑郁质。气质会在一定程度上影响孩子的交友：多血质的孩子性格活泼好动，喜欢与人交往；胆汁质的孩子性格急躁，动作迅猛；黏液质的孩子性格安静稳重；抑郁质的孩子性格稍微内向脆弱，但善于察觉细微事物。家长可以根据孩子平时的表现或借助专业的测试工具，测定孩子的气质，尊重孩子的气质，因材施教。要特别注意的是，了解孩子的气质并非要给孩子"贴标签"，几种气质并没有优劣之分，且孩子的交友并非只由气质决定，还受其他后天因素的影响，家长应该综合考量。了解孩子的气质，是为了了解孩子交友过程中可能存在的问题，为下一步对症下药提供基础。

巧妙借力：传统文化育人

中华优秀传统文化中有很多智慧是家长培育孩子正确交友观的利器。什么是健康的友情，许慎的《说文解字》中说："同志为友。"古文字中的"友"字，像两只同时伸出来的手，表示握手友好，志同道合。何为益友，孔子说："益者三友，损者三友。友直（正直），友谅（诚信），友多闻（知识广博），益矣。友便辟（谄媚逢迎），友善柔（表面奉承而背后诽谤），友便佞（善于花言巧语），损矣。"如何与人和谐相处，孔子的回答是："己所不欲，勿施于人。"这些是经过千百年实践检验过的中华优秀传统文化的内容，权威性高。同时，这些智慧已经深深植入中华民族的文化血脉之中，家长可以将其与自身的经历结合起来与孩子谈"情"，门槛低，操作性强。

先跟后带：善用启发提问

第一，"先跟"是指充分接纳孩子的感受，让孩子感觉到被接纳。家长可以尝试这样说："我知道你现在很……（描述孩子的感受）。"边说边拍拍孩子的肩膀或是拥抱一下孩子，耐心倾听，让孩子尽情地表达而暂不做评价。"先跟"可以帮助家长与孩子建立情感连接，家长只有走进了孩子的心门，教育才能发生作用。当然，此时的接纳不代表家长完全认同孩子的做法或想法，家长接纳的只是孩子的情绪。如果此时家长大声斥责，冷嘲热讽，会把孩子推得更远，引发更大的问题。如果家长对孩子的问题感到非常生气，可以选择"积极暂停"，待情绪稳定后再与孩子交流，因为人在生气的状态下难以做出理性的判断。第二，“后带”是指家长成为孩子心里的“自己人”后，再慢慢引导，多用启发式提问，家长可以和孩子一起梳理当前面临的问题，寻找解决问题的方法。让孩子在回答问题的过程中意识到自己是解决问题的主体，起到自我教育的作用。家长要多听少说，不随意进行评价。也许你一眼就发现了孩子的解决方法漏洞百出，但也请你不要随意批评，随意批评容易引起孩子的叛逆，或者让孩子自暴自弃，放弃成长的自主权。我们可以尝试使用启发性提问帮助孩子完善思路：“你觉得采用这个方法结果会怎样？”“这个方法我们先记下来，再想想有没有其他的方法？”“你提出的这几个方法觉得哪个效果会更好？”

　　小珊和小敏是班上一对要好的“姐妹花”，宿舍、教室、食堂，同来同往，形影不离。可是最近两人闹矛盾了，互不理睬。原来前一阵子，小敏从网上买来了毛线和工具，自己动手织起了围巾。这天，小敏拿着自己的作品得意地向小珊“炫耀”，没想到不但没有得到好友的认同和赞赏，还被泼了一盆冷水：“哎呀，自己织围巾多麻烦啊，上网买又便宜又好看。”敏感的小敏觉得这话是讽刺自己家里条件一般，不如小珊家庭富裕，小珊又是家中的独女，集万千宠爱于一身。小敏一生气，就不搭理她了。大大咧咧的小珊却全然不知发生了什么事情。

周末回到家，小敏仍然闷闷不乐，细心的妈妈敏锐地觉察到了女儿的情绪。晚饭后，妈妈拿着一盘水果来到小敏的房间，小敏连头都没抬，表示不想吃。"孩子，有心事？妈妈看你好像很不开心的样子。"小敏抬头看看妈妈，欲言又止。妈妈坐在小敏旁边，牵着女儿的手："说说吧，妈妈也许能帮你出出主意。就算没有好主意，妈妈也可以当你的听众，这样你心里也会舒服些。"小敏把事情的来龙去脉告诉了妈妈。"为什么你会觉得小珊是在讽刺你呢？是不是她以前做过或者说过些什么？""以前倒没什么，就是这回她笑话我自己动手织围巾是因为我们家穷。""嗯嗯，所以你有些生气。小珊看不起自己动手做的手工对吗？""那倒也不是，她自己也曾经动手做过，上次她还自己做了一个生日蛋糕给妈妈过生日，那还是因为我送了自己手工做的生日礼物给她，她很感动，说这礼物千金不换，所以她也学着给妈妈动手做生日礼物，要让她妈妈也感动……"说着说着，小敏好像意识到了些什么，紧锁的眉头也打开了。

小敏妈妈成功化解了小姐妹间的误会。首先，她能细心观察孩子的情绪变化，及时介入，指导孩子；其次，她选择了晚上到房间和孩子谈"情"，宁静的夜晚，私密的空间有助于孩子敞开心扉；最重要的是，小敏妈妈不急于表达自己的看法，而是循循善诱，引导孩子自主思考，从而解决问题。

亲子活动

测试气质。在网络上搜索《陈会昌气质量表》（又称为《陈会昌六十气质量表》），邀请孩子一同测试气质。本表共有60道题，每种气质类型15题。

十一、如何与孩子说"爱"

不少家长很担心孩子过早投入"爱河"，耽误学习，影响身体，却又不知道如何开口。其实，家长大可不必谈爱色变。只要我们正确看待这一成长信号，及时和孩子说"爱"，培养孩子正确的爱情观，引导孩子掌握处理爱情困惑的方法，便能让青春之花绽放得更加绚丽。

 **案例阅读**

家长会后，家长们总是里三层外三层围着老师了解孩子的情况。小昊妈妈却一个人静静地坐在座位上，一直等到其他家长咨询完毕，教室里只剩下老师和她之后才走上前来。小昊妈妈的眼里写满了焦虑、无助和气愤："张老师，我遇到了大难题，请您一定要帮帮我！"说着打开手机，给老师看了一张照片。"这学期小昊的成绩一直在退步，让我很担心。上周末小昊回家，我趁他不注意，偷偷地去翻了他的手机，想看看他最近究竟在干什么。没想到，我竟然在他手机里看到他和一个女生的亲密合影！我说小昊的成绩怎么退步得这么厉害，原来是谈'恋爱'了。眼看马上就要高三了，居然谈起了'恋爱'，哪还有心思学习，这样下去可还得了！您看这次的考试成绩都快垫底了。"小昊妈妈越说越急，眼泪忍不住流了下来。"一开始，我怕他发现，偷偷把手机放了回去，试着旁敲侧击。好家伙，他装作听不懂。气得我直接出击，把照片甩在他面前，想逼他承认错误。结果，他一看到照片，就暴跳如雷，说我偷看他的东西，侵犯了他的隐私权，还摔门而去。这两个周末回来，一声不吭，把我和他爸爸当仇人一样看待。哎，我当时也是一时气糊涂了，我是不该翻看他的手机，可是他谈'恋爱'难道还有理了？老师，请您帮帮我，这下可该怎么办？"

小昊之所以暴跳如雷，其实并不是拒绝母亲的教育内容，而是抗拒母亲的教育方式。和孩子说"爱"，是父母的必修课。可有些父母说出了学问，有些父母一说就崩。小昊母亲和儿子说"爱"的方式，无疑是失败的。其实，我们大可不必谈"爱"色变，家长要掌握和孩子说"爱"的艺术，才能帮助孩子顺利跳出青春情感旋涡。那么，与孩子说"爱"，该说些什么？又该怎么说呢？

小昊妈妈关心孩子，望子成龙，看到孩子成绩退步，积极想办法寻找症结；看到孩子谈"恋爱"，担心影响成绩，为此着急、担忧、紧张，也是可怜天下父母心啊。面对孩子的"恋情"，小昊妈妈显得有些无助：旁敲侧击，孩子不为所动，毫无效果；直接出击，激化矛盾，引发"亲子大战"，陷入两难境地。小昊妈妈的困惑并不鲜见，不少家长缺乏有效和孩子说"爱"的方法。可见，家长爱孩子，更需掌握与孩子说"爱"的艺术。

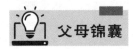

父母锦囊

—— · 成长原理 · ——

"爱情"萌动，是孩子成长的信号。青春期的"爱情"是同伴关系中特殊的一种。随着身体不断发育，孩子的性意识也逐渐萌芽。正如《少年维特之烦恼》中所说"哪个男子不钟情，哪个少女不怀春"，这一阶段的孩子开始在意自己的外在形象，关注异性对自己的态度、看法，乐于在异性面前表现自己，以博得异性的好感。他们向往爱情，私下会讨论班里的异性，讨论"八卦"同学的"爱情故事"，乐此不疲。当孩子开始出现这些"爱情"萌芽信号甚至陷入了"恋爱"中，家长应该意识到：这是孩子的身体和心理在快速成长的信号。

高中阶段的孩子容易遭遇情感困惑，主要表现在三个方面：一是不知如何拒绝。孩子表达内心情感的能力有待加强，面对异性的表白，不懂拒绝、不好意思拒绝或不知道如何礼貌而坚定地表达拒绝。二是盲目"恋爱"。有些孩子受网络、电影、电视剧等的影响盲目"恋爱"，"互联网+"时代，网络高度开放和普及，网络信息触手可及却良莠不齐，加上电影、电视剧中有不少描写男女主角情感的戏份，甚至有些镜头过于裸露，这让正处于世界观、人生观、价值观形成过程中的孩子一时难以做出正确的价值判断而盲目模仿。还有些孩子出于从众心理"恋爱"，认为"恋爱"是件时髦、好玩的事情，看到班里有同学"恋爱"也蠢蠢欲动，若自己不"恋爱"，就显得落伍了，甚至还有一些孩子标榜"不求天长地久，只求曾经拥有"的错误爱情观。三是"失恋"之后难以自拔。负责情绪控制的大脑前额叶还在发育之中（约25岁成熟），导致孩子的情绪控制能力较弱，一旦"失恋"，茶饭不思、精神低落、痛苦不堪，影响正常的学习和生活，真是"为伊消得人憔悴"。

因此，家长要随着时代的发展、孩子成长环境的变化，及时和更新、调整教育观念，引导孩子学会爱自己、爱他人、爱世界，化"恋"爱为"练"爱，练习爱的能力，助力幸福人生。

———— · 方法指导 · ————

如何与孩子说"爱"，帮助孩子建立正确的爱情观，引导孩子走出情感困惑，家长可以从以下两方面入手：

与孩子说"爱"，该说些什么

1. 说观念，爱情是什么

《诗经》曰"窈窕淑女，君子好逑"，爱是人的本能；梁祝化蝶的凄美故事里，爱是至死不渝；裴多菲的诗歌《我愿意是急流》"我愿意是急流，在山里的小河，在崎岖的路上、岩石上经过。只要我的爱人，是一条小鱼，在我的浪花中，快乐地游来游去……"爱是为对方无私奉献；抗击新冠疫情的战役中，夫妻档医生齐上阵，爱是执子之手，并肩作战。相信家长对爱情也有自己的理解，你可以和孩子分享你的爱情观和爱情故事。

2. 说方法

不同的情感问题有不同的解决方法。如果孩子收到异性的表白，家长可以和孩子聊聊说"不"的勇气。面对异性的欣赏和仰慕，孩子要听从自己内心的声音。因为虚荣心而"恋爱"，因为不好意思而"恋爱"，是对自己和对方的不负责任。如果孩子刚刚开始一段"恋情"，家长可以和孩子说说相处的艺术。都说相爱容易相处难，高中阶段的孩子个性张扬，表达和控制情绪的能力有待加强，更容易产生矛盾。可以和孩子说，爱情需要尊重、包容和理解，还可以和孩子分享自己与爱人相处的故事。如果孩子陷入"热恋"中，家长可以和孩子说说如何爱自己。"自己都不爱，怎么相爱？"爱护自己、爱惜自己，珍惜自己的生命和健康，珍惜自己的名声和尊严，珍惜自己的青春和时光。在爱对方的同时保护自我、坚持自己的底线和原则，努力成为更加优秀的自己，吸引更优秀的人。如果孩子沉浸在"失恋"的痛苦中，家长可以和孩子说说转身离开的勇气：不死缠烂打，不批评指责，不把美好的"爱情"演成一出"狗血剧"，要相信"头发甩甩，大步迈开，一个人也可以过得精彩"。

3. 说利弊

权衡高中生"恋爱"的利与弊。高中阶段投入爱河，可能会收获纯洁的爱情，但也可能面临情人间的摩擦和矛盾，可能影响学业导致成绩下降。家长可以和孩子开放式地探讨高中生"恋爱"的利与弊。探讨的过程，也是孩子自我教育、辩证思考、谨慎决定的过程。

和孩子说"爱"，可以怎么说

1. 情感连接

长久以来，受传统文化的影响，家长对青春期的"爱情"实行严令禁止的政策，孩子不自觉就关上了心门，让家长吃了闭门羹，家长和孩子谈谈爱情成了一件难事。因此，和孩子说"爱"之前要先连接情感，众多教育名家的共识是，好的关系胜过好的教育。建立良好的亲子关系，表达平等、尊重的态度，这是有效与孩子说"爱"的前提。有了好的亲子关系，孩子才愿意敞开心扉，让家长看到其中的阴晴云雨；有了好的亲子关系，家长的引导才能真正走进孩子内心，进而内化外显。无论家长有多忙，都建议抽出时间，放下工作，放下手机，放下烦恼和焦虑，多关心孩子，陪孩子进行户外运动，邀请孩子一起读读书，陪伴孩子度过特殊时光，给予孩子无条件的爱和支持，让孩子感受到自身的价值感和归属感，拉近亲子距离。

2. 情感梳理

"大禹治水"启示我们即便是滔天洪水，只要合理疏导也能平稳顺利地各归其流。高中阶段的孩子成人意识不断增强，一味"围追堵截"容易使孩子产生反叛心理，恶化问题，疏远亲子关系。罗密欧与朱丽叶效应（禁果效应）讲到罗密欧家族与朱丽叶家族为世仇，两人的爱情遭到家族的极力反对，但这种压力不但没有使他们分手，反而让两人情感愈加坚定。可见，当面对孩子的"爱情"问题时，堵不如疏，家长不要急着批评指责，应相机而动，避免出现禁果效应，甚至发生孩子走极端的悲剧。面对孩子的"爱情"问题，站在道德高地严厉批评指责是"堵"，耐心分析孩子"恋爱"背后的情感需求是"疏"；下"分手令"要求孩子断绝关系是"堵"，巧妙引导孩子回归集体是"疏"；闻"爱"色变是"堵"，引导孩子提升爱的能力是"疏"。

3. 巧妙置换

给孩子营造新环境，帮助孩子从谈"恋爱"的环境中置换出来。比如，爱打篮球的孩子"恋爱"了，可以鼓励孩子参加班级篮球赛或者篮球社团，让孩子从两人的小世界中走出来；擅长书画的孩子"失恋"了，可以鼓励孩子为班级出黑板报，在与同学的合作中转移"视线"，走出"失恋"的情绪低谷；等等。

经验之谈

说起卢勤，著名的"知心姐姐"，家长应该并不陌生，她是著名家庭教育专家，《中国少年报》"知心姐姐"栏目主持人。那么，一位成功的家庭教育专家会怎么和孩子说"爱"呢？在一次演讲中，她提到孩子上中学时，班主任在家长会后向她投诉孩子的"恋情"："你儿子够有眼力啊，看上了班里一个女生，个儿又高，学习又好，长得还漂亮，可女生没看上他，你儿子很苦恼。"卢勤一听这话，非但没有生气，还开玩笑道："我儿子那么好，女孩怎么就没看上呢？这家伙自己苦恼也不跟我说，我也不知道该怎么办。"玩笑过后，卢勤回到家，左思右想，决定给儿子写一张纸条，向他亮出了女人的观点。上面只有三句话："一个国家强大了，别的国家都会跟你建交。一个人强大了，别的人都会跟你友好。一个男人强大了，好的女孩自然会来找你。"多年以后，每当卢勤儿子回忆起这件事，仍然非常感谢妈妈的良苦用心。

卢勤不愧是家庭教育专家，明白"无为而无不为"的道理。无为，是不妄为，不随意打压、批评，不在自己情绪焦虑的状态下妄为，激化矛盾；无不为，是在尊重孩子成长规律和个性特点的基础上，理性思考，采用给孩子写纸条的方式，表达妈妈的关心和指导。相信孩子在看到这张纸条后，会振作起来，加倍努力，成为更加优秀的自己。

亲子活动

请你结合实际情况谈谈：

你和孩子谈过"爱情"吗？如果有，你是如何与孩子谈的呢？结果如何？如果没有，是因为什么原因呢？阅读完本讲后你又会如何与孩子说"爱"呢？

十二、如何与孩子讲"性"

性教育是家庭教育容易忽略的内容。其实，家长与孩子讲"性"很有必要，高中生基本成人化的身体，与正处于动荡变化中的心理、尚在形成的价值观念之间的矛盾，呼唤性教育的回归。与孩子讲"性"，有助于孩子掌握科学的性知识，形成正确的性态度，建立正确的性行为准则。

案例阅读

2019年发生在大连的13岁男孩杀人案轰动全国，引人深思。10月20日下午，10岁的小女孩淇淇（化名）上完兴趣班，在回家途中被住在同一小区同一栋楼的13岁男孩蔡某骗到家中，意图不轨，小女孩奋力反抗。强奸未遂，男孩恼羞成怒，连捅7刀杀死小女孩，抛尸离家20米的灌木丛。男孩杀人后，曾两次向小女孩父亲打探案件进展，还在同学微信群里聊警察的侦查进展，表现出令人害怕的冷静。案件发生后，蔡某父母从未主动联系受害者家人，也没有说过一句道歉的话。只有蔡某的舅舅发声，他表示蔡某平时没有什么特别不雅的行为，蔡某的父母对蔡某管得非常严，父母出门上班的时候通常都会将孩子锁在家里，只留一部手机保持联系。真是这样吗？据周边邻居反映，此前至少有3名女子遭到过男孩不同程度的尾随和骚扰，也有和蔡某同班女生的家长反映，自己女儿曾遭到他的强行搂抱。蔡某在小区里掀了一个年轻姑娘的裙子，姑娘来投诉，蔡某的家长非但没有教育孩子，反而轻描淡写地说"他还是个孩子"，还把来评理的姑娘给骂了一顿。

问题分析

父母的纵容，让蔡某骚扰成性，性侵10岁小女孩，成为未成年杀人犯。蔡某的家长没有意识到，随着孩子的长大，对孩子进行性教育，让孩子了解性知识、性道德、性法律是非常必要的。沉痛的教训呼唤性教育的归位，家长是时候该和孩子讲"性"了。那么，家长与孩子讲"性"，该讲些什么？应该如何讲？

性教育包括对孩子进行性生理、性心理、性道德、性法律等方面的教育。为什么蔡某的家长没有对孩子进行性教育？原因一，受到传统观念的影响，谈性色变，羞于和孩子讲"性"；原因二，家长觉得"他还是个孩子"，没有必要和孩子讲"性"，等孩子长大了自然就懂了；原因三，家长过分溺爱孩子，出了问题断定一定是对方的错，孩子无须遵守社会基本的性道德，无须承担性法律责任；原因四，家长不知如何对孩子进行性教育，不知从何说起，不知该说些什么。于是，家长对孩子过分的溺爱，导致孩子成了未成年杀人犯。可见，家长明确给孩子讲"性"的重要性，掌握给孩子讲"性"的方法，意义重大。

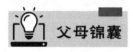

—— ·成长原理· ——

从高中生身心发展特点看，家长需要与孩子讲"性"

总的来说，这一阶段的孩子性生理发育速度明显快于性心理发育速度，如何正确看待"性"，需要家长的引导。一方面，高中生的性生理快速发育，基本接近成人水平。男生喉结凸出，声音变粗，睾丸发育，胡须、阴毛出现；女生声音变尖，乳房发育，骨盆变宽，臀部变大，第二性特征明显。另一方面，高中生的性心理发展相对滞后。孩子的好奇心重，对性话题充满兴趣。由于孩子的自制力和辨别能力有待提高，世界观、人生观、价值观还处在不稳定的形成期，极容易受外界影响，一时冲动偷食禁果。

从当前中国性教育现状看，家长必须与孩子讲"性"

高中生性行为和性教育的现状如何，学者的调查数据给我们敲响了警钟。综合宋逸等人对18个省、市、自治区逾11万名城市高中生进行问卷调查后撰写的《中国18省市自治区城市高中生性行为现况分析》、季成叶主编的《中国青少年健康相关/危险行为调查综合报告2005》、谭雪青的《广州市番禺区城镇高中生性教育需求调查》等几份报告的结果显示，我们可以获取两个方面的关键信息。

第一，性行为现状方面。有4.4%的高中生曾经有过性行为，男女生分别占总数的6.9%和2.1%，男女青少年首次性行为年龄分别是18.8岁和17.4岁，也就是高三到大学一年级的阶段；高中阶段孩子发生性行为的原因多种多样：有为了缓解学习压力的，有从众心理作祟向周围同学看齐的，有缺少科学性知识抱着侥幸心理的。

第二，性教育现状方面。76%的高中学生性知识薄弱，了解睾丸、阴茎、月经、卵巢、性欲、手淫等基本知识的学生只有23%，其中男生为36%，女生为7%；学生获取性知识的主要渠道是色情光盘、网络图文和影视作品，这是高中生尤其是女生发生性行为的主要危险因素；长期与父母居住，即生活在核心家庭或大家庭的学生更不容易发生性行为，来自父母的约束和情感支持是减少高中生发生性行为的重要保护因素。

可见，当前我国青少年的性现状和性教育程度严重不匹配，家长作为孩子成长的第一责任人，与孩子讲"性"刻不容缓。

———— · 方法指导 · ————

与孩子讲"性"，需要家长转变观念

前些年，一套《珍爱生命——小学生性健康教育读本》走进课堂，向学生介绍了男女生殖器官、生理知识、预防和识别性侵犯等科学性知识。可这套性教育读本却被家长吐槽尺度太大，最终因为家长的反对而停止使用，让人唏嘘不已。那么，这套性教育读本是否真的尺度太大呢？从事多年性教育工作的北京林业大学心理学专家方刚说："据我了解，那套教材是历时6年，众多专家反复修订，借鉴国内外成功性教育经验确定的，每一处描写、每一幅配图都反复推敲过，完全符合教育和性教育理念。"这一事件说明不少家长把性教育妖魔化了，没有正确认识性教育的作用和必要性。不少家长担心对孩子进行性教育会导致孩子性早熟，诱导孩子过早发生性行为。放眼国际，性教育成熟的国家，青少年性行为发生率反而较低，性行为发生后给孩子带来的负面影响相对较小。正如方刚所说："性教育的目的不只是传递知识，而是让人懂得性的责任、安全、自主、自尊，对自己和他人负责。"当家长不再遮遮掩掩，孩子获得了科学的性知识后，对性的好奇心也会随之下降，过早发生性行为的可能性也会下降。与孩子讲"性"，需要家长转变观念，走出传统观念的禁锢，科学看待性教育的作用和必要性。

与孩子讲"性"，需要家长恶补知识

中国性学会原理事长徐天民说："中国的性盲比文盲还多，很多高级知识分子、什么学家，都是性盲。"什么是性盲，就是缺乏性生理、性心理、性道德、性法律、性文明知识的人。俗话说，要给孩子一杯水，家长先要有一桶水。要与孩子讲"性"，家长就要对性和性教育有客观的认识，用科学的眼光看待性教育，掌握科学的性知识。只有家长掌握了科学而全面的性知识，了解不同年龄段孩子的性生理、性心理发育特点，与孩子讲"性"时才能大大方方。家长的态度越大方，传递给孩子的信息越积极，可以帮助孩子意识到性是人类正常的生理现象，是人类美好情感的体现，不是"肮脏的""羞耻的"。那么，家长可以通过哪些途径获取性知识呢？途径一，阅读性教育相关书籍，如《从尿布到约会》《性知识读本》；途径二，上网搜索观看相关视频或性教育公开课，如免费公开课《开得了口：家长性教育课程》；途径三，关注相关机构的官方网站或专业人士的公众号，获取相关信息。

与孩子讲"性",需要家长选择时机

首先,选择合适的地点。与孩子讲"性",要选择安全性、私密性较强的环境,如在孩子的房间,仅有同性家长与孩子在场。孩子感觉到安全、放松了,才能敞开心扉,家长才能顺利讲"性"。其次,选择合适的契机。抓住可教时刻,教育效果才能事半功倍。可教时刻可以是孩子主动发问时,也可以是即将体检孩子有些担心和焦虑时,还可以是相关社会热点事件发生时,也可以从爸爸和儿子、妈妈和女儿分享青春往事开始。家长要允许孩子随时提问,不搞"一言堂""满堂灌"。不必刻意追求知识的完整性和体系化,孩子关注的、感到困惑的地方就是家长指导的可为之处。最后,选择合适的内容。与孩子讲"性",家长不仅要向孩子介绍性生理知识,还应当包括性心理、性道德、性法律知识。要让孩子学会承担责任,对伤害抱有最大限度的戒备。也要让孩子学会爱护自己,要让孩子知道家庭是其坚强的后盾,遇到棘手问题要主动寻求家长的帮助。乐嘉在《写给15岁女儿的信》中说道:"如果万一你不幸'中招',记住,爹不会怪你,爹永远在这。"轻轻的一句话,在孩子心中有千万分重量。家是孩子最温暖的港湾、最坚实的后盾。有了这句话,孩子一旦遇到问题,首先想到的不是如何躲避父母的责罚,而是鼓起勇气,向父母坦诚,主动寻求父母的帮助和支持,避免更大问题的出现。

经验之谈

假期的一天,佳峰的爸爸偶然发现佳峰用电脑浏览过色情网站,这让他有些生气,觉得佳峰"不好好学习,动了歪心思研究这些"。可就在这时候,他想起了自己躁动的青春往事。佳峰爸爸意识到:"孩子长大了,该好好想想怎么和孩子讲'性'。"几天后的晚上,习习凉风将人们工作学习了一天的疲惫尽数吹散。佳峰妈妈有事外出,只留下佳峰父子两人吃晚饭。席间,两人你一言我一句地聊着,气氛很不错。佳峰爸爸知道,这是和孩子讲"性"的好时机。于是，佳峰爸爸说起高中时男生们在宿舍聊起的性话题，说起大学时几个好友偷偷上网浏览色情信息时的复杂心情。佳峰一听，意味深长地笑了。趁热打铁，佳峰爸爸和孩子分享了他对性的看法和他作为过来人的建议："对性感兴趣不可耻，这说明你长大了。但千万不能沉溺其中，伤身又丧志。性只是你精彩人生的锦上添花，找到目标，精准出击，持之以恒，才能收获精神人生。"

绝佳的时机、私密的环境、轻松的氛围、和谐的亲子关系、充分的"预谋"、轻松的口吻，是佳峰爸爸和孩子讲"性"的秘诀。他向孩子传递了一个正向信息：性是人类美好的事物，不必觉得羞耻，更不是评判一个人道德品质的准绳；给了孩子一个忠告：切不可沉溺其中，而是要努力找到人生方向。

亲子活动

乐嘉《写给18岁儿子的信》是家长和孩子讲"性"很好的范本，不妨模拟这封信和孩子讲讲"性"吧。

第五单元　如何让网络伴孩子健康成长

　　高中三年，对每一个高中生来说都非常重要。高中生面对繁重的学习任务和紧张的学习压力，常希望在虚拟的网络世界里得到释放和找到平衡。对于互联网，你了解它的利与弊吗？当孩子沉迷于网络时，可以做些什么呢？我们如何才能帮助孩子防范网络陷阱呢？

十三、你了解网络的利与弊吗

高中三年，是一个人非常重要的三年。高中生面对繁重的学习任务和紧张的学习压力，常希望在"虚拟"的网络世界里得到释放和找到平衡。面对"来势汹汹"的互联网，家长了解它的利与弊吗？当孩子对网络产生兴趣时，家长又该如何给予孩子以正确的指导和帮助呢？

案例阅读

小芳（化名）从小就聪明伶俐，思维敏捷，能说会道，成绩优秀，动手能力强，在学校深受老师和同学喜欢，在家也深受父母和家人宠爱。小芳的未来不可限量，这几乎是所有熟悉她的人的共识。

高一时，小芳的学习任务明显加重，父母看在眼里，非常心疼，总想帮着宝贝女儿减轻学习压力。所以，一旦小芳写完作业或者考试成绩优秀，父母都会奖励小芳玩会儿手机。通过手机，小芳慢慢接触到网络和网络游戏，她凭着聪明才智，网络游戏一学就会，还经常给父母展示她的熟练玩法。父母见了后，不但没有及时引导和教育，反而夸奖女儿聪明。

时间一久，小芳对网络产生了依赖感，且有诸多上瘾症状。最明显的是注意力不集中、学习兴趣降低、学习成绩下降。可惜的是，小芳的父母没有及时重视起来，误以为是女儿身体出了问题。所以，当女儿表现得精神恍惚、

无精打采时，父母就会立即递给小芳一部手机。确实，小芳一拿到手机，完全像变了个人似的，立马神采飞扬。

高三，是每一个学生惜时如金、奋力拼搏的阶段，但是小芳对网络的依赖非但没有减少，反而变得越来越严重。因为学习压力陡增且受到老师"管制"，小芳便出逃到校外上网。

此时，小芳的父母才意识到问题的严重性，不得不把小芳接回家，寻找心理医生帮助小芳戒除网瘾。

 问题分析

这是一个典型的因为父母对网络不够了解，导致孩子一步一步走进网络、深深陷进网络的案例。聪明伶俐、思维敏捷、能说会道、成绩优秀、动手能力强的小芳，终究没有抵得住网络的诱惑。设想，如果小芳的父母对网络有一定的认识、对手机可能对孩子造成的影响有一定的了解，并及时对小芳给予教育和指导，众人心目中优秀的小芳可能不会走到如此地步。高中生的学习和生活早已离不开网络，作为高中生家长的你，了解网络的利与弊吗？

小芳的父母心疼自己的宝贝女儿固然没错，想帮助小芳缓解学习压力也值得肯定。但是对给小芳玩网络游戏却没做任何正确的引导和教育，这样的做法显然欠妥。父母给孩子上网、玩游戏之前，应该充分了解网络的利与弊，引导孩子正确上网。遗憾的是，小芳的父母并不清楚网络的利弊，更没有在孩子接触网络初期时采取有效的"帮扶"措施，使得原本十分优秀的女儿在网络世界里越陷越深。

网络到底有哪些利与弊呢？作为高中生的家长，不必过于紧张和担心，坚持正确的观点和做法即可。

网络之利

现在处于网络高度发达的时代，网络也成为高中生获取信息的重要途径。通过网络，高中生也可以获取大量有价值的科学信息。

网络有利于高中生实现自我增值、提升自我能力。学生可以在网络上查找到自己感兴趣的学习科目和资料。目前，网课使高中生足不出户即可在网上接受名校名师的在线教学。互联网上先进的交互式学习、丰富的三维图形展示、生动的语言解说等，能把枯燥、冰冷的学科知识阐释得直观、形象、易懂，提升学生的学习兴趣。

网络是信息传播的重要途径。网络的出现，大大缩短了信息发布和接收的时间，避免了许多不必要的资源浪费。

网络可以促进高中生个性化发展。网络可以帮助高中生消除心理障碍，高中生可以毫无保留向网友倾诉心事，减轻课业负担所造成的心理压力。高中生可以在各个论坛里表达自己对各种问题的看法和见解，既可以锻炼文笔，又可以获得成就感，提高自己某项兴趣爱好的水平。

当然，网络给高中生带来的"利"，远远不止这些。

网络之弊

容易上瘾。网络最大的风险也是最大的弊端，就是容易让人产生网络依赖，即常说的网瘾。网络中有很多虚拟的东西，比如网络游戏、网络视频、网络社区……不少人会因为网络匿名和相对平等的地位，在网络世界里流连忘返，影响到实际的学习和生活。处在高中阶段的孩子，对未知的、新颖的事物有强烈的探究欲，相较于成年人更容易受到影响。

分散注意力。对于学习强度大且学习任务重的高中生来说，沉迷网络容易分散注意力，继而导致学习成绩下降。有些高中生甚至会做出极端行为，不惜旷课、逃学等。

影响判断。网络的虚拟性和匿名性，对于征信的验证难度较大，而"水军""刷榜"等行为，也会影响人们对网络真实性的判断。因此，网络上各种鱼龙混杂的信息，常令涉世未深的高中生上当受骗。

影响心理。高中生如果沉迷网络，容易使自己生活在虚拟世界中，减少现实中与人交流的愿望。加上学业的压力，他们容易出现心理障碍。

案例中的小芳，从开始的细微变化，到慢慢痴迷网络，最后发展到逃学，我们可以清晰感受到她的变化，而这都源自父母对小芳的迁就、纵容、宠溺。试想，如果小芳刚开始表现出对网络的兴趣时，小芳的父母就能够重视并给予正确的引导和教育，小芳可能不会这样轻易对网络上瘾。

纵观生活中和网络上的诸多案例，无不深刻地告诉我们，孩子沉迷网络，在一定程度上跟家长的认知相关，从某种意义上说也是由家长造成的。

父母锦囊

── · **成长原理** · ──

网络从无到有的快速发展，像空气一样无处不在，早已深入人们生活的各个领域，也对高中生的学习和生活产生了重大影响。高中生接触和使用网络已经不可避免，甚至很多高中课程和学习内容都需要借助网络来完成。这时候，作为高中生的家长，了解网络的利弊关系非常重要。

高中生面对繁重的学习压力和枯燥的学习生活，经常期望通过其他途径或者方式来调剂自己的生活。这个阶段的孩子基本具有两个显著特点：敏感性和封闭性。敏感性，高中生对外界的人和事具有敏锐的感知力，很容易接受新事物、新信息。高中生对网络很感兴趣，如果没有人及时引导和教育，他们非常容易对网络产生依赖。封闭性是指高中生的心理活动开始内隐，慢慢有了自己的小秘密和小世界，他们不会轻易跟身边人分享，即便是深爱自己的父母。然而，在网络世界中，大家彼此不认识，为年轻人提供了更多的可能性和包容性，因此他们很容易脱离现实世界而沉迷于网络世界。

── · **方法指导** · ──

网络已经客观存在，它虽然是一个虚拟空间，但也是由现实社会中的人来营造的。网络本身无所谓好坏，它跟现实社会一样包罗万象，关键在于引导孩子做好对网络的趋"利"避"害"。家长可以通过以下几种方法指导和帮助孩子。

第一，引导法

家长要努力引导孩子树立正确的网络观。计算机信息技术和网络技术是孩子必备的一项基本技能，家长应该教育和鼓励孩子学好相关的知识，让孩子学会正确使用网络。

1. 正确引导孩子认识网络

让孩子知道网络只是一个工具：网络像一本百科全书，人们通过网络可以查找自己不知道的知识；网络是一个游乐场，孩子可以在里面玩很多有意思的游戏……网络是一个虚拟现实的社会，除了能完成学习、交朋友、娱乐外，还能完成现实社会中的一些事情，如网上购物、发电子邮件、网上工作、网上缴费等，网络是人们生活的一部分。

2. 帮助孩子选择正确的网络信息

孩子在初步接触网络时好奇心很强，而且对网络内容没有是非标准的判断力，因此家长要帮助孩子正确选择网络信息源。明确孩子上网的范围，收藏一些适于孩子学习浏览的网站，让孩子在这些健康网站上找到学习和娱乐的兴趣。通过网络安全程序禁止不适宜孩子浏览的网址，防止孩子不小心掉进漩涡。

3. 指导孩子加强信息技术知识的学习

使孩子通过科学知识的教育学习明白网络的本来面目，揭开网络的神秘面纱，让孩子对网络有一个客观的认识和理性的理解。

第二，榜样法

家长要以身作则，给孩子树立正确使用网络的榜样。父母是孩子的第一任老师，父母的一举一动都会给孩子产生潜移默化的影响。家长对于网络的态度和网络行为同样会影响孩子对网络的价值取向。

因此，家长也要正确对待网络，加强网络相关知识的学习和了解，努力做好孩子的"网友"，像孩子的"同伴"一样，关注孩子的网上世界，尤其是孩子的情感世界。家长既要做好与孩子现实生活中的交流，也要努力做好和孩子网络上的良好沟通，使亲子之间的感情更加融洽和自然，做到对孩子的网络行为心知肚明，利于监督和引导孩子正确上网。同时，父母要与孩子充分交流，了解他们的所思所想，给孩子适当的期望值，让孩子既有学习进步的动力，同时拥有一个欢乐舒心的家庭环境，让他心灵和情感感到充实和满足。

通过亲子的互动，营造出温馨和谐、感情融洽的家庭氛围，这对青少年网络成瘾的预防和治疗具有重要意义。

第三，转移法

家长要鼓励孩子走出家门，融入社会。家长要创造条件带孩子主动融入现实社会，敢于到陌生的环境中去体验人情世故。鼓励孩子多去运动场与朋友一起运动，去公园或游乐场放松心情，让他们脱离相对封闭的家庭环境，减少孤僻性格和自闭心理发生的可能性。这样既满足了孩子爱玩的天性，释放了各种压力，心情和精神面貌会焕然一新，同时又使孩子远离了网络的诱惑，减少了沉迷网络的机会。

网络并不可怕，只要家长在孩子面对网络时多一些细心和耐心引导，网络就会成为孩子学习上的有利助手，成为孩子的良师益友。

经验之谈

小虎（化名），高一学生，初中的时候学习成绩名列前茅，但在初三毕业后不幸上网成瘾。

小虎从小身体健康，成绩优秀。初三毕业时，小虎向父母提出购买手提电脑作为奖励，他的父母毫不犹豫地满足了他。当时，刚好是暑假，父母忙于工作，常把小虎一人留在家里。在没人陪伴和聊天解闷的情况下，小虎只能把学习之余的时间和精力倾注于网络游戏，有时候还玩得几乎忘记了吃饭。高一正式开学后，这种情况并没有减少，在一定程度上影响了小虎的学习和生活。

小虎的父母见状，非常心痛但不失理智。第一时间找到学校老师，把小虎暑假在家上网的情况翔实地告诉了老师。老师了解情况后，及时跟小虎阐明了网络的"利"和"弊"，并采取了一系列补救措施，使小虎悬崖勒马。

老师介入。学校老师加强了对小虎的引导和教育，告诫小虎不要参与网络里的低级聊天、游戏等，对小虎进行了理想与成才教育的引导，帮助其树立远大目标。孩子周末回到家里，老师会"深入"家庭，跟孩子保持电话、视频联系，全程跟进、提醒和要求。

专业指导。学校安排专业的心理老师，对小虎采取心理咨询和心理辅导等，以帮助他认识网瘾和戒除网瘾。从内心深处调动他追求"优秀"的学习欲和竞争欲。

角色体验。家长加强与孩子的交流沟通，通过角色互换等活动，让家长体验孩子辛苦的学习生活，让孩子体验父母艰辛的工作生活，最终有效地帮助小虎重塑人生目标。

亲子互动。为了更好地了解网络游戏以及孩子是如何一步步沉迷网络游戏的，小虎的父亲也在手机上下载了同款游戏，尝试着跟孩子一起玩，在玩的过程中交流心得。在跟小虎交流游戏心得的过程中，小虎父亲慢慢了解了小虎的游戏，在取得小虎信任的基础上，小虎父亲再跟小虎谈网络的利弊关系，就这样慢慢地帮助小虎形成了正确的网络观。

在父母和学校的共同努力下，经过持续两个多月的时间，小虎最终发生了明显变化，内心也变得阳光开朗，乐于和父母及其他人交流，学习又回到了初中时的上佳状态。

亲子活动

你还了解网络的哪些利	你还了解网络的哪些弊	案例中小芳的变化给了你哪些触动	站在小芳好友的立场，请写一封规劝信

十四、面对沉迷网络的孩子，我们可以做什么

"沉迷"通常被认为是超出正常情感的一种心理状态，沉迷网络则是超出了网络正常使用时长的一种持续状态。长时间沉迷在网络之中，会对高中生的身心健康、学业成就、道德发展、人际交往和家庭关系等产生不良影响。当家长因疏忽或大意，在孩子沉迷网络后，可以做些什么呢？

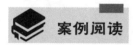

案例阅读

小明（化名）年幼的时候，父母远在外地做生意，根本没时间照料他，于是将年幼的他托付给了亲戚，可以说小明属于典型的留守儿童。其间，小明的父母也偶尔与小明共同生活，比如寒假和暑假期间，父母会把小明接到身边生活。但每当这时候，父母出于补偿心理，对小明非常纵容宠溺，在物质上无条件给予。小明非常喜欢玩手机，父母二话不说就会把手机递给他。

小明初中时的学习和生活状态还算正常，学习成绩基本属于班级中等偏上，因此小明的父母也就没对孩子喜欢玩手机这一现象有足够重视。上了高中后，面临学习和生活的双重压力，小明更加依赖手机。

高中对孩子来说非常关键，妈妈选择回到了小明身边，专门照顾他的生活和学习。

但此时的小明，已深深陷进了对手机和网络的依赖，回到家里更加肆无忌惮地玩手机，而妈妈只是一味地纵容宠溺，从未加以制止和教育，总觉得以前对小明亏欠太多，对他平时表现出不合常理的言行无法做出正确判断。

直到后来，学校老师找上门来，妈妈才发现孩子逃课和离校了。每当老师登门拜访，妈妈就兴师动众地带着亲朋好友在各网吧展开地毯式"搜捕"行动。然而，把小明从网吧揪出来后，妈妈只是简单地批评教育一番便草草了事。

问题分析

从小明的成长和变化中可知，从小家庭教育的缺失及后期父母的补偿心理作祟，最终"塑造"了读者眼前的小明。实际生活中，发达地区和相对落后地区的差距比较大，像小明父母一样把孩子留在老家自己外出打拼的情况越来越多，留守儿童的问题越来越严重。遗憾的是，小明的父母虽然意识到了高中阶段的重要性，却疏忽了对小明的有效陪伴和正面教育，导致小明在沉迷手机和网络的歧途上越走越远。面对沉迷网络的高中生孩子，家长可以做什么？

案例中的小明，几乎是一个悲剧式的存在。小明的父母在其年幼的时候选择了外出打拼，把小明留在亲戚家寄养实属父母的无奈之举。即使小明到了高中，他的父母仍然疏忽了对他的有效陪伴和正面管教。父母在发现小明喜欢手机和沉迷网络的时候，他们的补偿心理和做法，造成了小明一步一步走向"深渊"。面对曾经"缺爱"的孩子，如果父母能理性选择有效陪伴去弥补，而不是一味地用物质去满足；面对已经对网络上瘾的孩子，如果父母能选择及时的引导和教育，而不是无底线地纵容宠溺，小明不至于这么早、这么深地陷进网络里。

小明深陷网络，主要原因有以下几个方面：

父母的宠溺使孩子意志力低下，无法正确面对网络的诱惑。家长希望孩子成绩优秀、能力强，但家长对孩子的宠溺，会使孩子各个方面的能力退化。小明进入高中阶段，面对不期而遇的学习和生活的双重压力，没有用顽强的意志去克服和战胜，而是选择了逃避，继而选择了沉迷于网络。这个典型案例，给每个高中生家长敲响了警钟。为了增强孩子的意志力，尤其是抗挫力、抗压力，家长不能过分宠溺孩子，要理智地爱孩子。

父母的宠溺使孩子价值观混乱，无法在原则性问题上做出正确判断。在宠溺环境中长大的孩子，价值观念混乱。因为一直生活在宠溺的环境中，他想怎么样就能怎么样，觉得自己满足就可以了，思维停滞在那种感觉里。当他面对原则性、价值观等问题时，容易陷入混乱状态中。所以，在宠溺中长大的小明，很难独自处理好学习、生活、手机、网络之间的矛盾。

父母的宠溺让孩子内心无爱，无法正确对待父母给予的关心和爱。孩子整天都被宠溺包围着，内心很难有爱。因为他习惯了只接受爱而不用付出爱。孩子应该得到家人的爱，但也应该把爱回馈给家人，这样，孩子才能有一种完整的幸福体验。小明进入高中，妈妈为他特意放弃了本应打拼的事业，选择回到他的身边专门照顾他的生活和学习。如果是一个心里有爱且内心光明的孩子，这时候应该会为此感动，会主动考虑妈妈的内心感受并用积极的人生态度表达自己的爱意。但是，小明依然选择了只顾自己的感受，继续沉迷于网络之中。

父母的宠溺导致错过了教育、引领孩子的最佳机会。案例中，在小明成长的过程中，小明的父母错过了两个重要时期的引领。第一个时期是小明读高中前。每逢寒暑假，父母都会把小明接到身边生活和学习。因为平时没有生活在一起，小明自小就缺少父母的有效陪伴和深度关爱，父母应该在这个时候选择多陪小明进行有意义的活动，以便在活动中观察和了解孩子。但小明的父母并没有意识到这些，而是选择了给孩子一部手机任其玩耍，使变幻莫测的网络世界迅速并紧紧地"拽"住了小明的心。第二个时期是小明读高中时。此时妈妈已经回到了小明身边，照顾小明的饮食起居，以便小明有更好的状态去面对高中的生活和学习。这个时候，妈妈应该细心且真切感受到小明已经网络成瘾了，她应该给予孩子积极的干预和引导，而不是继续听之任之，导致小明越陷越深直至逃学。

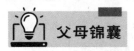 父母锦囊

———— · 成长原理 · ————

第一，从网络发展的特点来看，网络具有开放性、多样性、包容性、隐蔽性等特点。一方面，网络为高中生提供了一个广阔的学习空间，拓宽了他们的学习途径，丰富了他们的学习内容；另一方面，网络游戏、网络小说、网络视频等内容，对高中生有着极大的吸引力和诱惑力。

第二，从高中生的身心特点来看，高中生的情绪与情感逐渐趋向于成熟和稳定，但与成人相比又显得相对不稳。高中生沉迷网络除了网络本身的特点之外，还与他们的心理需求有关。马斯洛曾提出人类的五种需求：各种需求一般是按照生理需求、安全需求、社交需求、尊重需求和自我实现需求的顺序出现，但并不一定完全符合。前四种是匮乏需求，最后一种是自我实现的需求。自我实现的需求是成长需求，对于沉迷网络的人来说主要是匮乏需求，常表现为安全需求、社交需求和尊重需求。也就是说孩子自身内部需求得不到满足，需要从外部寻找一些东西来填补，刚好网络迎合了他们这种缺失的心理。

———— · 方法指导 · ————

理解孩子，接纳孩子

作为家长，不能因为生活中出现了一些网瘾案例甚至事故，就如临大敌和谈网色变，继而出现拒绝网络、杜绝孩子接触网络等现象。相反，家长要更新观念，做到与时俱进，学会上网，了解必要的网络知识。如果家长不懂网络，

就无法正确引导孩子上网，更无法挽救沉迷于网络的孩子。

家长应本着同理心，理解孩子，尊重孩子，接纳孩子。所谓同理心，是指站在对方的角度考虑问题，它意味着进入他人的私人认知世界。也就是说家长关心自己的孩子，不能单纯地把孩子作为一个客观物品从外面观察，而是应该进入孩子的世界（包括内心世界、学习世界、生活世界等），并从中去体验、去感受，继而给予孩子理解和支持。

当孩子沉迷于网络之后，孩子的内心是复杂的。一方面，他们很想摆脱网络对自己的控制；另一方面，他们的心理和精神被网络牢牢牵制住。孩子两种心境的交替变化，经常使他们内心焦虑和痛苦。作为孩子最亲近的人，如果父母不理解他们的内心痛苦，还整天唠叨不停甚至责怪打骂，会使他们内心更加孤独，陷入自责的困境，乃至走向极端。

这时候，家长应该把孩子当作朋友平等去对待，进行有效沟通和交流，慢慢走进孩子的内心世界，帮助他们打开关闭已久的心灵窗户，以接受外面的灿烂阳光和新鲜空气。通过重塑亲子关系，陪孩子走出困境。

强制干预，有效管控

当孩子出现网瘾时，家长要根据孩子的网瘾程度，进行必要的强制干预。不能一味地妥协、纵容、宠溺，这样做会不断把孩子推进深渊。假如一般的说教等方法无效，父母就应该尝试强制干预。

当然，对于患上网瘾的孩子来说，自律性往往会相对较弱，这个时候，家长一定要持续加强管控，管制孩子的上网行为。如何进行管控呢？建议家长使用绿色上网软件，设置好电脑的开关机时间，管控好孩子上网浏览的网站。借助绿色上网软件的功能来有效干预孩子上网的行为，以帮助孩子逐步戒除网瘾。

同时，家长还要认识到强制干预会有一定的风险，所以要密切留意和关注孩子的情绪与性情。当孩子被强制干预和管控后，他们容易变得偏执和暴力，甚至会出现一些过激的言行。

事实上，只靠强制干预未必能够根治孩子的网瘾问题，因此家长还要关注并疏导孩子的心理，双管齐下方能取得效果。

转移兴趣，实效治疗

德国有一个非常有名的慈善机构叫维希尔之家，多年来帮助很多青少年成功戒除了网瘾。这个著名的慈善机构总结出了一套行之有效的办法，证明既能帮助青少年戒除网瘾，又不留下其他的后遗症和心理创伤，已被多个国家和地区采用。这个方法，就是我们日常生活中常用的兴趣转移法。

维希尔之家总结出三个办法，具体如下：

艺术疗法：就是帮助青少年培养其他兴趣，比如绘画、音乐、舞蹈等，即通过培养孩子的兴趣爱好来分散孩子的注意力。

运动疗法：与我们平时常采用的军事训练不同，他们是要求孩子参加各类有益的体育活动，如打网球、骑自行车等。

自然疗法：让孩子到自然环境里去享受自然的风光，并与其他人进行一些良好的互动，以非常温馨、自然并且温柔的办法，来帮助大家解决一些心理上的问题。

需要特别提醒的是，在培养孩子兴趣点转移的过程中，家长千万不能急躁，要给孩子时间和空间，家长也要努力参与进去，更多地陪伴孩子一起去践行，在孩子网瘾难耐的时候及时给予孩子心理上的辅导和情绪上的安抚。家长要细心观察，发现孩子有好转时，及时给予肯定，帮助孩子培养出新的兴趣点，成功实现孩子的兴趣转移，使他们不断获得成功感。

协商共建，订立规则

网瘾孩子面对深陷网络带来的快乐和无助，常无法理性去分析和正确去处理。父母的妥协、纵容、宠溺，只会让孩子在歧途上越走越远。这时候，家长可以与孩子商量并制订上网的相关准则。以下是比较流行的上网准则：

（1）跟孩子一起上网，互相交流网络上好玩的事情。

（2）孩子每天上网时间不要超过一小时，或遵守父母约定的时间。

（3）叮嘱孩子不与陌生网友见面。

（4）跟孩子一起制订并遵守不随意使用网上的图片、文字的规则，也不要随意下载文字、音乐、图片，以免侵犯他人著作权。

（5）提醒孩子收到来历不明的电子邮件时，不要轻易回信。

（6）不要把自己在上网时使用的账号密码告诉他人，以免有人冒用。

（7）在亲子商定的时间和范围内，利用网络学习和放松。

（8）不轻易玩网络游戏，玩网络游戏必须取得父母的同意且接受父母的监督。

经验之谈

　　王某，初中时开始对flash（网页动画设计软件）制作感兴趣，2015年考上重点高中以后，父母奖励其一台电脑。有一次，王某向同学展示自己的作品，同学不屑一顾，并大谈时下流行的网络游戏。王某感觉自己对此知之甚少，于是便开始大量接触游戏，以证明自己的"全面发展"。最初，父母以为儿子浏览不健康网页，为此感到恼火，后来发现孩子只是在玩游戏，心想男孩子喜欢打电子游戏也很正常，便没有多加干涉。可时间一长，王某竟慢慢沉迷于网络游戏。

　　半年后，这种状况引起父母的警觉，于是父母对其进行励志教育。他们经常跟孩子交流和分析历史名人轶事，跟孩子聊起身边的榜样人物，还和孩子分享自己一路走过来的奋斗历程，就这样慢慢地帮助王某树立起奋斗目标。经过一段时间，王某幡然醒悟，精神面貌大为改观。他又重新将全部精力和时间，投入学习和flash制作上。高三毕业，他顺利被国内某名牌大学的计算机专业录取。

　　可见，在孩子接触网络的过程中，父母的警觉、冷静以及积极应对非常重要。父母的及时干预，成功转移了王某的兴趣，使王某重新焕发生命的精彩！

 亲子活动

根据调研实际情况，和孩子共同完成一份问卷调查表。

同学上网现状调查表

你身边有多少上网成瘾的同学和朋友	他们每周上网的时间大约是多少	他们的精神状态和身体状况怎么样	他们的学习受到了影响吗	你会给他们哪些建议

十五、如何帮助孩子防范网络陷阱

　　随着互联网的普及和发展，网络给人们的生活带来了很多便利，也给一些"心怀鬼胎""居心叵测"的不法分子提供了犯罪"机会"。近年来，越来越多的高中生甚至大学生上当受骗，他们一不小心就陷入了网络陷阱，甚至成为不法分子诈骗和敛财的对象。家长如何才能帮助孩子防范网络陷阱呢？

 **案例阅读**

　　小傅（化名）刚从职校毕业，听信网友周某的诱骗，用自己的身份证到营业厅办理了三张电话卡（日租卡），然后又到三家银行分别用自己的身份证和网开的电话号码办理了三张储蓄卡，均开通了网上银行U盾和手机银行。最后，小傅将手机卡、银行卡、网银U盾交给在网上认识的周某，同时得到了600元报酬。

　　这是佛山地区一个典型的网络诈骗案例，骗子是怎么诱骗小傅并实施犯罪的呢？还原事件如下：

　　网友周某：要不要兼职赚点钱？

　　小傅：怎么赚？

　　网友周某：很简单，只要用你的身份证去帮别人开电话卡和银行卡，成功之后每张银行卡给你200元人民币。

　　小傅：他们拿我开的电话卡、银行卡去干什么呢？

　　网友周某：这个你就不要问那么多了，反正你也没有什么损失，人家拿了也不是去干坏事。这么轻松赚钱的好事，还能到哪里找啊！

　　小傅：好吧。

受网友周某的诱骗，小傅将用自己身份证开的电话卡、银行卡交给了网友周某，接下来会发生什么事情，小傅一概不知。像小傅这样被不法分子利用的人不少。殊不知，他们开的这些电话卡、银行卡被不法分子贩卖后，用于实施电信网络诈骗犯罪。

根据线索，佛山市公安局刑警支队挖出一个利用中学生、中职生、工人等群体开设银行卡、电话卡用于转卖的犯罪团伙。

问题分析

小傅的这种做法，看似轻描淡写无关紧要，只是提供和使用了个人信息，自己没有因此造成损失，并且还从中得到了一定的劳动报酬。可是，小傅忽视了一个问题，这些电话卡和银行卡一旦被坏人掌控，可能给他人和社会带来极大的影响与伤害。如果小傅是你的孩子，你会怎么做？作为家长，如何帮助孩子防范网络陷阱？

随着互联网的普及和发展，网络给普通老百姓的生活带来了很多便利，给莘莘学子的学习带来了很大帮助，也给一些心怀鬼胎、居心叵测的不法分子提供了犯罪机会。近年来，越来越多的高中生甚至大学生上当受骗，他们一不小心就成为不法分子的帮凶，帮助不法分子借用他人信息实现诈骗和敛财的目的。

案例中的小傅，因为轻信了网友周某，同时也存有一定的贪婪之心，于是心甘情愿地用自己的证件帮网友周某开通了手机卡、银行卡、网银U盾。网友周某利用这些重要的物品多次实施诈骗以实现敛财的罪恶目的。

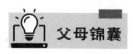

父母锦囊

────·成长原理·────

生活中，对网络陷阱的普及以及如何采取防范措施等问题，学校和家庭都做了大量的工作。为什么还有很多中学生会上当受骗呢？究其原因，大致分为客观原因和主观原因两个方面。

客观原因

随着科技日新月异的发展，互联网已经慢慢普及并便利了生活和学习的方方面面。但网络存在很多陷阱，来自网络的诈骗种类繁多，且具有很大的诱惑性和隐蔽性。高中生社会阅历尚少，如果不能得到很好的引导和教育，他们就不能很好地抵制住诱惑。

网络诈骗具有强诱惑性。网络诈骗的直接目的是获取经济利益，但是在造成直接经济损失之外，电信网络诈骗犯罪引发次生危害的案件也日益增多。近几年连续发生了多起在校学生被骗导致猝死或自杀的案件，这在社会上产生了非常恶劣的影响。不法分子的诈骗手段繁多，且新手法层出不穷，谎称回报利润极丰厚，具有很强的诱惑性，这种诱惑性对于涉世未深的高中生来说尤其强。

网络诈骗具有强隐蔽性。网络诈骗大多采用互联网、电话交易，实施速度快、覆盖面广、隐蔽性强。这些披着互联网、电子商务外衣的非法组织，利用"互联网+"、网络金融、虚拟经济等概念设下一个又一个骗局，让人防不胜防。这些网络诈骗方式已经引起很多中学生父母的担忧。

主观原因

高中生常陷入网络被骗被控的困境，除了真假难辨的客观因素外，高中生本人主观方面也有一定的原因。

高中生认识不足。既体现在对自己的认识不足，也包括了对网络陷阱认识不足。首先，高中生对自己不了解，在最应该脚踏实地努力学习的时间，却选择了在纷杂的网络世界"打拼"。据调查，有不少高中生认为自己拥有知名网络公司的创始人一样的才华，在网络上也能像他们一样叱咤风云，因此他们在应该规划人生、扬帆起航的年龄，选择了在纷乱的网络世界里走"捷径"。其次，高中生忽视了网络上的各种诱惑和陷阱，高中生的父母需要了解和掌握这些，还要跟孩子一起做好足够的心理防范，帮助孩子在高中阶段树立远大人生目标，远离网络中的各种诱惑和陷阱。

亲子关系的影响。现实中的很多案例都说明一个简单的事实，即孩子对家长不够信任。因为孩子对家长不信任，他们不会选择第一时间将自己的窘境和困难告诉家长，即使面临危险仍然会选择铤而走险，于是在明知可能上当受骗的情况下选择了"再试试""再努力一下"，继而会不知不觉深陷网络陷阱。

—— · 方法指导 · ——

提高孩子的防范意识

针对网络的诱惑性和危险性，以及中学生对网络认识的片面性和简单性，家长需要加强跟孩子的交流和沟通，帮助孩子形成牢固的防范意识。作为高中生的家长具体可以怎样做呢？这是很多家长所关心的，家长起码应该做好以下两个方面的渗透和教育。一方面，家长全面梳理和整理网络陷阱的各种类别，为了增强内容的可读性和说服力，家长需要对原文进行一定的增减，最好提前进行充分的备课，再找机会跟孩子坐下来交流和探讨。努力使孩子认识网络上每一种陷阱的危害性，引导孩子在面对各种陷阱时能有效规避。另一方面，家长针对各种陷阱，搜集一些典型案例，再将这些典型案例打印出来，利用合适的机会，跟孩子一起开展"网络安全伴我行"的活动。读完案例之后，再一起对案例进行分析。了解案例中年轻人面对网络诱惑的心理和态度，分析他们又是如何一步一步走入陷阱继而被套牢的，随着事情的发展给案例中的年轻人以及他的家人带来了哪些影响和伤害，作为高中阶段的学生应从中吸取什么教训，继而培养防范意识。

教会孩子基本方法

现实中，即使家长跟孩子有了很多沟通和交流，孩子有了足够的防范意识和防范常识，但孩子仍然可能会出现这样或那样的情况。这时候，家长最需要做的，不是埋怨、批评、指责，更不是咆哮和打骂，而是第一时间冷静下来，认真倾听孩子讲述事情的起因和经过，跟孩子一起分析和探讨，勇敢地一起面对，努力将事情扼杀在萌芽或初始阶段。高中生该如何有效防范网络诈骗？家长需要清晰指出，孩子要保护好个人隐私和个人信息，做到"四不要"：不要向陌生账号汇款，不要链接陌生的无线上网网址，不要向他人透露短信验证码，不要轻易点击不明链接。

给予孩子充分支持

从目前了解到的众多案例看，涉及的中学生之所以一步一步陷入网络陷阱，其中最现实的问题是经济拮据。他们在经济上暂时不能独立，而实际生活中开支项目不少，因此常出现手头紧张或者经济拮据的情况。同时，处于懵懂年龄的高中生不愿向家长开口要钱。在这种情况下，当有人在他们面前百般引诱，他们很难经受得住诱惑。在此，建议家有高中生的家长，要多多关注孩子的学习和生活，既要有精神层面的关心和关注，也应有经济层面的了解和支持，了解孩子的合理客观需求，在经济上给予孩子一定支持。

生活中很多案例涉及的中学生，刚开始所犯错误并不大，可惜孩子常常因为羞于跟父母说，无助的他们很容易铤而走险，采用拆东墙补西墙的方式，形成恶性循环，最终酿成严重后果。

经验之谈

郑某（某地区高二学生），17岁，性格温驯，成绩优异，喜欢足球，也经常进行胜负猜测，后来他觉得自己竞猜水平不错，就开始购买足球彩票，还在手机上下载了各种足彩应用程序。从最初2元开始，慢慢加大投注，变成50元、100元……郑某刚开始只是用父母给的零花钱买足球彩票，且偶有中奖，但总是赢得少输得多。

后来，郑某不只是用零花钱买足球彩票，甚至用父母给的生活费购买，常把生活费输得精光。输光了生活费，郑某不敢跟父母说，就准备找同学借钱。几个同学觉得很奇怪，就反复问了郑某借钱的原因。最后了解到郑某想借钱购买足球彩票之后，同学第一时间把这情况告诉了班主任，班主任也觉得要及时告知家长以免事态恶化。

了解到郑某借款情况后，父母感到非常震惊，这和他们平时认识的温驯孩子完全不一样。为了防止孩子进一步犯错，父母采取了一系列措施：他们明确告诉孩子"已经不幸陷入网络陷阱了"，需重视问题且悬崖勒马。通过亲子沟通，父母发现郑某想通过买足球彩票的途径获取更大的财富，来满足自己更加奢华的生活开销；父母了解到这些情况后，特意举办了一个"劳动致富"的家庭会议，在家庭会议上，各自谈了对劳动致富的理解、实现途径等内容，通过感化的手段干预孩子购买足球彩票的行为。最后，郑某醒悟并认识到了自己的荒诞行径，当即表示痛改前非，从此远离了足球彩票，把全部的时间和精力放在了学习上。

高三毕业后，郑某顺利考取了一所重点大学。

亲子活动

亲子社会活动"小调查，大发现"。

你了解到了哪些网络陷阱	请找出每种网络陷阱的一个经典案例	分析案例中主人公的心理	请给案例主人公写出三点建议或措施	设计一条广告语，呼吁中学生远离网络陷阱

第六单元　如何帮助孩子顺利度过高三

高三，是人生发展的重要阶段，是孩子知识与能力增长的关键期。高三一年，家长怎样帮助孩子提振信心、战胜高考以取得学业的成功？当孩子面临挫折时，家长该如何引导孩子，如何提高孩子的抗挫能力？在高考前夕，家长如何帮助孩子调整状态、缓解过度焦虑，确保孩子信心满满地走向考场，在高考中正常发挥甚至超水平发挥？

十六、高三，家长能做什么

高考是谁的事情？有的家长认为是孩子一个人的事情，当起"甩手掌柜"；有的家长认为这是全家人的事情，干涉过多，把孩子当成了学习机器。无论是撒手不管，还是干涉过多，都会对孩子高考带来不利影响。那么，高三家长能做什么？该如何把握尺度？

 **案例阅读**

小治上高三后，父母在学校附近租了个两居室，年租金高达三万元。小治的妈妈说，高三这一年，家庭生活的重心就是确保小治考上重点大学，为此不惜一切时间、金钱、精力。为了达到这个目标，全家人进行了明确的分工。小治的任务是好好学习，把全部时间都用来背书、解题。爸爸的任务是搜集各种高考信息、各种复习资料、各种好的学习方法。而妈妈的任务则是做好后勤保障工作，煮小治爱吃的饭菜，搞好家庭卫生，让小治有一个干净整洁的学习环境。

高三一年，小治过上了衣来伸手、饭来张口的生活，父母对他的照顾全

面周到，让小治既感动又内疚。有时候一家人吃完饭，小治想帮妈妈收拾碗筷，却被妈妈赶回房间读书。有次模拟考后，小治感觉考得不好，想听会音乐放松一下，不想却被爸爸批评为"不懂事""浪费时间"！小治的爸爸常对小治

说："儿子，你一定要考个好大学呀，否则你的人生就完了。你看你爸妈，就是因为上的大学太差，生活才这么辛苦。你若是考个普通的大学，让我们的面子往哪儿搁呀！"原本小治可以在学校吃晚餐，但妈妈坚持在交通高峰期，从城南到城北，穿过整座城赶回家给小治做饭。而爸爸为了周日在家陪小治学习，连坚持了多年的羽毛球都不打了。看着父母含辛茹苦，小治很想发奋读书，但不知道为什么，学习怎么都不在状态，越想学好越学不好，心怎么都静不下来，高考自然也受到影响，最终没能考上重点大学。

问题分析

小治在读高三时被父母当成了学习机器，除了学习，生活中几乎没有别的事情可做。父母的无私付出也给小治带来很大的心理压力，最终影响了他的高考，还造成了小治对父母深深的内疚。高三一年，父母该如何陪伴孩子冲刺高考？怎样才能做到眼光长远、科学高效？高三家长具体能做些什么？

望子成龙、望女成凤是中国父母的普遍心理。希望子女考上重点大学，"双一流"大学，甚至清华北大，已经成为父母对孩子沉甸甸的希望。这种希望，既饱含了父母对孩子的深切关爱，也可能掺杂着父母的面子或虚荣心，还有父母少年时未能实现的梦想。

小治的父母，将高考成绩看成人生的终极评价，以为"上大学、上重点大学"就意味着未来的"好工作、好生活"，这是家长不能用发展的眼光看问题，对人生悲观、对未来焦虑、对孩子不信任的典型表现。家长的这种认识与心态，必将影响孩子的备考，让孩子彷徨失措，患得患失，最终无法考出理想成绩。

小治的父母无疑对孩子爱得深沉，他们的无私付出，不能不让人感动，却也令人遗憾。其实他们并不了解高考，也不懂高三学生成长的客观规律。他们看起来为孩子营造了良好的学习环境，实际上剥夺了孩子成长的机会，弱化了孩子的综合能力。而一个综合能力不强的孩子，是无法在一场对知识、能力、素养、心理、体质等各方面都要求极高的考试中胜出的。

父母锦囊

————·成长原理·————

相比高一、高二，高三有其特殊性。从学习内容看，高一、高二基本学习新课，高三则基本为复习课。从学习层次看，高一、高二能力提升的阶段特征不明显；而高三复习一般分两轮或三轮，一轮复习注重夯实基础，二轮与三轮复习注重综合提升，对学生学习能力要求更高。从考试频率看，高一、高二考试较少；高三则考试频繁，除了县区级或市级统测外，还有学校固定的课堂测试、周测、模拟测试。从考试难度看，高一、高二难度适中；而高三各类模拟考难度基本接近甚至大于高考。从时间分配看，高一、高二除了学习，还有较多时间参加拓展课、研究性学习与社会实践，娱乐与运动的时间相对较多；而高三则基本"两点一线"，学习时间大量增加，休闲娱乐运动的时间被大量压缩。高三学习的这些特点，对高三学生的学习认知、学习能力、身体及心理等都提出了较高挑战，对高三家长也提出了较高要求。但从学习与考试的性质来说，高三与高一、高二一样，没有本质差别。虽然每年高考都有"黑马"，也有人意外考差，但这些都只是小概率事件，只要学生紧跟学校步伐，注重基础，逐步提升能力，基本都能在高考中考出与其实力相当的成绩。

高三，是学生知识、能力、素养全面提升的阶段，智力因素与非智力因素在高三成绩提升中都起重要作用。诚然，智力因素在高三阶段会继续发展，但非智力因素对高考成绩起着更重要的作用。体育运动能培养孩子的爆发力、意志力与抗挫能力；做家务能培养孩子的动手能力、灵活性与整体思维；优秀的艺术作品能培养孩子的理解力、感悟力与高情商……这些无疑都是高三学生成绩提升的源动力，它们能触动孩子的心灵，让孩子更深地感悟学习的价值与意义，从而意志坚定、自信从容地去广泛吸纳知识、多方寻求帮助，根据自己的薄弱环节制订合适的学习策略，找到一条适合自己的个性化高三发展路径。如果家长将孩子变成了一台学习机器，"压榨"孩子少得可怜的放松时间，不注重培养孩子的综合能力，不重视孩子非智力因素的培养，将导致孩子内在动力严重不足，学习时无法全情投入，在高考中自然也考不出好成绩。

—— · 方法指导 · ——

第一，建立合理认知

合理认知是正确行动的前提。孩子上高三后，家长首先不能抱过高期待。诚然，高考成功说明孩子在学业上、在某些能力发展上获得了较快、较好的发展，但这绝不表明高考失利的孩子的人生就失去了发展机会。高考成败与未来发展有一定关系，但绝不能画等号。因此，对待孩子的高考，家长应努力克服盲目攀比心理，将高三当成孩子人生发展的一个特殊阶段即可。其次，家长要克服"大包大揽"的想法。家长要认识到，高考很大程度上是孩子自己的事情，需要孩子直面自己所面临的困难，寻求解决问题的方法途径，寻找合适的人帮助自己解决问题。否则，哪怕孩子取得了优异的高考成绩，也不是他个人获得了真正的发展。因此，当孩子面临困难时，家长要克制自己出手相帮的冲动，给孩子放手一搏的机会。最后，家长要意识到，高三一年是培养孩子知识、能力、习惯与品格等方面的良好契机，家长要和孩子一起制订合适的目标，按照学习的客观规律办事，逐渐提升孩子的学习成绩。父母在陪伴孩子克服一个又一个困难的过程中，帮助孩子提升应对高考的硬实力和软实力，为孩子的未来人生奠定坚实的基础。

第二，打造阳光心态

情绪，是一个人内在世界的反映。情绪没有优劣之分，但急躁、焦虑、抑郁等情绪有很强的传染性，而孩子又是家庭中最灵敏的"感应器"，家长的每一点情绪都容易感染和影响孩子。高三一年，无论孩子还是家长都面临着比较大的压力，有时会产生较为激烈的情绪反应，这些都属正常现象。作为家长，首先要坚信，孩子的高考成绩是实力与心态共同作用的结果，只要孩子努力了，心态没问题了，就一定能在高考中考出优异成绩。家长坚定的信心与充分的信任，是孩子继续前行的不竭动力。其次要悦纳情绪，将急躁、焦虑等情绪当成是高三不受欢迎却无法拒绝的"常客"，无论是孩子还是家长自己出现情绪问题，都要坦然接受，不要因此惊慌失措、如临大敌。家长要相信自己能学会控制情绪的方法，能很好地控制和调节自己的情绪，能避免将情绪传染给孩子，能通过自己的努力打造和谐的家庭氛围，增强孩子备考的信心。

第三，做好心理按摩

孩子进入高三后，学习时间长、节奏快、考试多、难度大、遭遇的挫折也多，容易陷入"心理疲劳"，轻者学习状态差，厌学弃学，重者悲观厌世，发生较严重的心理问题，甚至出现自残行为等。因此，高三家长要学习一些"心理按摩"技巧并灵活运用。家长要帮孩子打造干净、整洁、温馨的学习环境，可以在阳台种植花草，或在孩子书桌上摆放花草；家长要尽力营造温馨、幽默的家庭氛围，维持良好的亲子关系，引导孩子倾诉学习生活的烦恼并给予适当指导；每到周末，家长可允许孩子听音乐、看电影、读课外书、弹琴、练书法、绘画等，让孩子有机会给心理赋能增量；家长可以陪伴孩子运动（如跑步、打篮球、打羽毛球等）或打游戏，让孩子有尽情释放和开怀大笑的机会。

第四，积极配合学校

孩子成长是一个整体，家校一致才能形成教育合力，才能激励孩子一往直前，避免"走弯路"或"走错路"。孩子进入高三后，时间紧、任务重，家长在"放手孩子主动发展"的前提下，可以做一些有益孩子成长的具体的事情。具体如下：一、按照学校要求做好相关配合工作，如督促孩子在家按时作息、少玩或不玩电子游戏等；二、在孩子提出要求的前提下，给孩子提供一些个性化的学习帮助（课外辅导或网课等）；三、帮孩子做一些耗时费力的事情，如做好后勤保障，复印或打印学习资料等；四、保持适度家校联系，不可向学校提过分要求或过度打扰老师，以免干扰学校工作并将负能量传递给孩子。

儿子高考730分，家长做了些什么？

2019年6月24日，南宁二中考生杨晨煜以730分的总分勇夺2019年广西高考理科状元，他的单科成绩，语文140分，数学150分，英语150分，理科综合290分，创广西恢复高考以来理科总分最高分纪录。如此惊人的高考成绩，让杨晨煜很快成为众人关注的焦点。记者调查发现，杨晨煜做事沉稳，爱思考，能坚持，学习能抓住重点，善于总结经验教训并进行积极调整，聪明、刻苦又自律，文体爱好广泛，羽毛球、足球、书画都喜欢，真的是又能学又能玩的"超级学霸"！

730分！对普通高三学生来说，是做梦都不敢想的成绩！他的父母有什么独门秘籍培养了这么优秀的孩子？网上盛传杨晨煜的父母也是"学霸"，事实上他们并非"学霸"，他们只是细心认真、尽心尽责、做事专注的普通父母，而且非常低调。杨晨煜的妈妈在采访中，只简单透露了三点：从小培养孩子的自律性，营造平和稳定的家庭氛围，注意健康的饮食和均衡的营养。

在谈到培养孩子的自律性时，杨晨煜的妈妈说："一定要在孩子形成自主思考能力前，监督孩子养成良好的习惯。监督的过程很痛苦，要时时刻刻盯着他，但是定型以后，后面的路就好走了。我们基本只管好他生活学习的后勤保障工作，课业就交给老师了，我们不打扰他。家长也应该要自律，不能像别人那样丢下孩子，自己玩手机。"

杨妈妈的教子经验简单到让人失望！培养出一个"超级学霸"怎么可能只有这么几个简单的方法，而且还是老生常谈？事实上，大道至简，这几个简单的教育方法蕴含了深刻的教育原理。良好的教育是无痕的教育，优秀品格无法靠说教与灌输去培养，需要在日常生活中点滴渗透。自律是极难培养的优秀品质，只有父母身体力行，才能给孩子形成榜样示范；只有父母在培养孩子自律时坚持不懈，日积月累，方能见点滴之功。父母为杨晨煜打造了良好的家庭环境，是因为他们意识到良好的家庭关系是一切教育的起点，是父母人生经验能在孩子身上起作用的前提条件。杨晨煜的父母无疑是聪明的，他们分清楚了学校与家庭的责任，给了孩子宽松的成长环境，让孩子的能力得到了最大程度的提升，并在高考中考出了优异的成绩。

 亲子活动

1. 跟孩子一起，完成以下表格。

目标大学：
高考分数：
增分目标：
增分计划（至少3点）：

2. 跟孩子一起，制订《高三家庭生活章程》（包含禁止和提倡的行为、语言，对全体家庭成员有约束力的规则等）。

高三家庭生活章程

	父母对孩子的要求	孩子对父母的要求
鼓励或允许的 行为或语言		
不希望或禁止 的行为或语言		
我们的高三家规		

十七、如何提升高三学生的抗挫能力

对莘莘学子来说，高三是极其重要而又艰辛的一年。这一年，高三学子要攻克各学科知识与能力的薄弱环节，要经受多次考试的打磨，要面对生活与人际等方面的考验。孩子的高三，能爬到什么高度，很大程度上取决于孩子抗挫能力的高低，取决于意志力及解决问题的能力。高三家长如何有意识地培养孩子的抗挫能力，帮助孩子决胜高三？

案例阅读

阳春三月，正是高三学子拼搏高考的大好时机，可是小婕却不愿意上学了。班主任王老师感到很突然，因为小婕的学习成绩在班级数一数二，虽然平时感觉小婕学习压力大，但也不至于突然不愿上学了呀。王老师赶紧询问小婕原因，原来小婕妈妈前几天去寺庙烧香拜佛，给小婕求了一小袋子香米。寺庙的高僧告诉小婕妈妈，要想小婕高考考得好，就要让小婕天天将香米带在身上。小婕害怕同学们知道后取笑她，怎么都不肯带香米回学校，但妈妈态度坚决，小婕便想用不上学来逼迫妈妈放弃。

知道原因后，王老师不禁为小婕担忧了，他翻开了小婕的周记：

一模终于走了！这场传说中可怕的考试压得人喘不过气来，虽然我考前心态平静，但考试时状态很不好，同室一个男生一直在咳嗽清喉咙，我怎么都摆脱不了他的影响，注意力无法集中，心情焦躁不安。

在接下来的两三个月里，王老师尝试帮助小婕，但小婕和她的家庭关系都没有得到明显改善。高考中，小婕仅高出重点线一分。填报志愿时，她无奈地选择了外省的一所农业大学。

高考结束后，小婕这样总结自己的高三状态：

考试失利和各方面的压力合成一块大大的石块，一直重重地压在我的心上，即使考好了也没有轻松欢愉，反而担心下次摔得更惨。最担心的是别人闲言闲语间因分数、名次对自己的评价，高考后我才认识到，其实这些并不可怕，可怕的是自己对它们的看法，我始终摆脱不了面子问题。高三这一年，我都非常难过，甚至想过放弃。临近高考那几天最难过，每天都不能完成既定任务，越来越焦躁，很自责、很自卑……

问题分析

尽管小婕学习基础很好，但进入高三后，她未能顶住学业、人际、家庭等多方面压力，导致高考失利。高三家长如何培养孩子的抗挫能力，帮助孩子顶住压力、顽强拼搏，以获得学业的成功？

目前我国正处于高速发展时期，一些人心理压力较大。这种压力波及校园，需要学生具备很强的抗挫能力，才能维持正常的学习生活。但事实上，很多孩子是外表光鲜亮丽，实则不堪一击的"草莓一族"。家长通过物质上的超前超量满足与精神上的娇宠溺爱，很大程度上剔除了孩子成长的宝贵的精神品质，造成孩子精神上"缺钙"。高中生正处于身心发展突变期，其情绪具有明显的兴奋性、紧张性、冲动性和不稳定性，情绪波动对他们造成很大影响，降低了他们的抗挫能力。高三单调的学习生活，家长、学校、老师、考试等方面的压力，同学竞争、人际关系、亲子关系等都可能使高三学生不堪重负，若不能及时排解，势必会影响他们的身心健康与高考成绩。

小婕在一模考试中表现出了较低的抗挫能力，她采取的基本上是消极归因（可怕的考试）、外部归因（考试时一个男生一直在咳嗽清喉咙）、泛化（可怕的是考试后的分分计较，别人闲言闲语间因分数、名次对自己的评价，摆脱不了面子问题）、消极应对（自信心严重受挫、非常难过，甚至想放弃）等应对措施。而小婕妈妈的抗挫能力也严重不足。她不相信孩子的实力，无法长时间忍受女儿成绩低迷的状况，将成功寄托在所谓寺庙求来的一小袋子香米上。

负面情绪有很强的传染性，小婕妈妈给小婕造成了很不好的影响。应该说，小婕高考的失败，不仅仅是小婕的失误，也是家庭教育的失误。

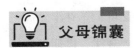

—— · 成长原理 · ——

有关获得成功的方法，普遍流传的公式是：成功=20%的智商（IQ）+80%的情商（EQ）和逆商（AQ抗挫能力）。对于"3Q"的地位，有人这样形容道："在一个人攀登成功之峰时，智商决定的是基本生存能力，情商决定的是取得成功的基本素质，而逆商则是决定你能否最终登顶、迈向成功的关键因素。生活中每天都有坏事件发生，决定你不被坏事件击倒的不是你的智商、情商，而是逆商！"我们身处一个快速发展变化的大时代，这个时代需要极强的抗挫能力，需要一个人"能扛""能硬扛"。从某种程度上说，一个人能否适应社会，能否从逆境中发现机会、化"逆"为"顺"，取决于对逆商的认知与培养程度。

逆商（Adversity Quotient，简称AQ）全称"逆境商数"，一般被译为"挫折商"或"逆境商"，指人们面对逆境时的反应方式，即直面挫折、摆脱困境的能力。在逆商测验中，一般考查以下四个关键因素——掌控力（Control）、担当力（Ownership）、影响度（Reach）和持续性（Endurance），四者合称为CORE。掌控力是指一个人对不利事件的控制程度；担当力是指一个人在逆境发生时愿意承担责任及改善后果的情况；影响度是指逆境对工作生活等方面影响的评估；持续性是指认识到问题的持久性以及它对个人影响的持久性。以高三学生为例，如果孩子在某次模拟考试中考差了，就认为自己完全无法应对考试，或将责任归结为老师教得不好、试题出得不合理等因素，产生考差了就一切都完了、自己再也不可能考好的想法，感觉未来人生一片暗淡，出现长时间情绪低落，甚至发生自残行为等情况，就是孩子低逆商的表现。

逆商的四个维度CORE提供了一种测量方法，用于评估人们对逆境的反应模式，能帮助人们发现自己在通往成功路上的主观障碍，从而进行自我反思与针对性调整。

重视心理学的学习

心理学是一门让人生幸福的学问，既可防患于未然，又可亡羊补牢。高三家长要积极学习心理学知识，懂得高三学生心理发展的客观规律，以便更好地引导和陪伴孩子。除了自己学习心理学外，家长也要引导孩子掌握一些心理学的基本原理与方法，特别是对应对高三挑战大有裨益的逆商，家长要和孩子一起学习，掌握逆商的CORE维度，结合孩子的学习、生活及其他社会典型实例，逐渐掌握培养逆商的方法，为战胜高考打下坚实的心理基础。

用好培养逆商的LEAD工具

逆商的LEAD工具能有效帮助人们提高抗挫能力，应对并走出逆境。逆商的LEAD分为L（Listen，倾听自己对逆境的反应）、E（Explore，探究自己该承担的责任）、A（Analyze，分析逆境的影响）、D（Do，做一些事情去改变）。比如，学生在高三第二学期会陆续进入"高原期"，感觉怎么努力都无法提高成绩，甚至出现成绩下滑的现象，自信心受到很大打击。这时，家长切不可先乱了阵脚，而要沉稳镇定，利用LEAD工具帮助孩子走出"高原期"。家长要引导孩子认真倾听自己内心的声音，将高考目标定在与学习能力相匹配的范围内，既不好高骛远，也不妄自菲薄，给自己多一点时间去解决学习问题；建议孩子主动承担考试失利的责任，重视基础知识、考试时间分配等技巧性问题；鼓励孩子做出正确的分析，坚信模拟考试成绩下降只是暂时现象，经过调整后会有很大改善；建议孩子尝试做些改变，寻求老师的帮助，改善方法，夯实基础，适度放松。

鼓励孩子自己解决问题

当孩子面临挫折时，家长不要急于出面安慰孩子，也不要出手替孩子解决问题，而要给孩子一个安静的空间、一段足够长的时间，让孩子尽情感悟、体验或宣泄情绪。家长可以引导孩子准确分析问题，认清问题的本质，找出解决问题的办法。当孩子情绪低迷或茫然失措时，家长可以让孩子通过看喜剧电影、听音乐、跑步、拳击等方式宣泄情绪，用积极的"干扰"避免孩子将逆境灾难化，重塑信心，继续前行。

形成良好榜样示范

当孩子在学习中面临挫折，导致情绪低迷、意志薄弱时，家长不能惊慌失措、病急乱投医，而要积极乐观、沉稳淡定，不要一味地责备孩子，贬低孩子的能力。家长要跟孩子一起坚定信心，"肝胆相照，荣辱与共"，采取正确的方法逐步解决问题，让处于逆境中的孩子感受到父母的关爱、支持，感受到来自成人世界的力量与人生希望，让孩子从内心中生发出勇气与智慧。当家长自身的工作与生活出现问题时，家长不可意气用事或轻言放弃，而要积极乐观、坚强面对，给奋战高考的孩子树立良好的榜样。

经验之谈

　　邱怀德，1993年出生于福建漳州的一个农民家庭，从小父母离异。在2007年读高一时，他出现了走路不对称的情况，之后病情不断加重，到高三时，双手开始明显抖动。但地方医院一直查不出他的病因，更无法提供具体的解决方案。为了查清自己的病情，邱怀德决心报考医学院校，为此他付出了比其他学生数倍的代价，最终以645分的高分，跻身当年福建省高考前1%的行列，考入南京医科大学。

　　读大一时，邱怀德的跛行和震颤症状越发明显。他一边求学一边看病，跑遍了南京的各大医院，也没能查清自己得的到底是什么病，有人说是痉挛性截瘫，但是又无法治疗，而病情却越来越严重。等到2014年，邱怀德读本科的最后一年，从宿舍到教室300米的路，他都要扶墙缓行，走一段还得歇一段时间才能再走。这年四五月，是邱怀德状态最差的时候，他连步子都迈不开，去医院回来需要两个同学架着他，把他背回学校。

这是邱怀德最绝望的时刻，但生命的本能告诉他，不能放弃，一定要寻求"生路"！这时，邱怀德遇到了生命中的贵人——南京医科大学教授、主任医师、博导，南京医科大学第一附属医院康复医学中心主任励建安。励教授建议邱怀德吃一些与多巴胺相关的药物。令人惊喜的是，服药后邱怀德的情况改善了，三五天后，他就可以拄着拐杖走路了。这一年，邱怀德从300多人中脱颖而出，成功保研南方医科大学康复医学专业。

2016年，邱怀德做了基因检测，确定自己患的是青少年型帕金森病。这种病患病几率为十万分之一，目前无法治愈，只能靠药物和长期的康复训练来维持身体机能。从此，邱怀德走上了漫长而艰辛的康复之路。他拄着拐杖，走进了健身房，加入了"撸铁大军"。他说："我不在意别人异样的目光，我只知道我要努力变强。"他强忍着身体的疼痛进行康复训练，磨破了手掌也在所不惜。渐渐地，他的肌肉增多了，力量增强了，可以卧推60千克了，身体状况有了明显改善。如今，邱怀德生活完全能够自理，他摆脱了拐杖，练就了一身的腱子肉，能一口气做20多个引体向上，甚至还能完成四五千米的中长跑。

情况变好的邱怀德不忘回报社会。读本科期间，他曾为家乡的两位罹患白血病的学生发起募捐，募集善款一万余元，默默汇入了两位学生的账户。他开办了"南医小邱"公众号，进行疾病科普和健康宣教。2019年6月，邱怀德顺利硕士毕业，开始攻读博士学位。他说："我读博就是想努力地推动帕金森病的研究。我希望我的经历可以帮助更多的人，不仅帮助他们找到面对疾病的勇气，而且鼓励他们投入康复训练中去，找到信心，重返他们的生活和工作。"另外，邱怀德一直关注"为失能老人送拐杖""幸福时光希望小学"等爱心项目并组织捐款。

如今，邱怀德依靠英语口译专长实现了经济独立，他用自己赚的钱读书、生活、看病，拿到了执业医师证和住院医师规范化培训合格证书。邱怀德的人生，正缓缓展开全新的一页。

亲子活动

从家庭生活中找出一个典型逆境事例（如考试失利、家庭关系问题等），按照逆商的CORE维度，评估孩子或父母的挫折商，并利用LEAD工具，找出应对坏事件与培养逆商的方法途径。

1. 如果孩子"一模"考差了，请孩子（或父母）根据逆商的CORE维度，对孩子（或父母）的逆商进行评估。

项目	评价	整体评价（很好、一般、较弱）
掌控力（Control）：对考试失利的控制程度评估		
担当力（Ownership）：考试失利的原因分析		
影响度（Reach）：考试失利对学习生活的影响评估		
持续性（Endurance）：失利状态持续时间长短评估		

2. 孩子"一模"考差了，请利用培养逆商的LEAD工具，找到走出逆境的方法（包括孩子的、父母的）。

项目	方法
L（Listen，倾听自己的逆境反应）	
E（Explore，探究自己该承担的责任）	
A（Analyze，分析逆境的影响）	
D（Do，做一些事情去改变）	

十八、如何帮助孩子缓解过度紧张、决胜高考

面对考前过度紧张的小雅，父母连连责问，老师们转轴关心，让小雅的紧张情绪"雪上加霜"，成绩节节败退；而康同学的父母，通过"定点""定位""定法"三个招式，让康同学顺利缓解紧张情绪。面对小孩的考前过度紧张的情绪，不同的父母给出了截然不同的答案。缓解孩子考前的过度紧张，父母应该如何打开正确的助力模式？

案例阅读

高三以来，小雅的成绩一直名列前茅，是师生眼中的尖子生、父母心中的希望。然而，最近几次模拟考试，小雅的成绩都在不断地退步。这到底是怎么

回事呢？还有三个月就要高考了，小雅的父母急得像热锅上的蚂蚁。面对小雅，父母的焦虑形之于色："你哪里不会呢？高考快到了，得赶紧把不懂的弄明白呀！""是不是上课听不懂啊？你要多去问老师问题啊！""之前成绩还好好的，怎么一下子退步那么大呢？"面对老师，小雅父母"穷追不舍"，甚至动用各种关系找各个老师帮助小雅……每次面对父母连珠炮似的发问，面对各个老师转轴般的关心，小雅不胜其烦，要么在沉默中爆发——大发雷霆，要么在沉默中"灭亡"——少言寡语。

小雅成绩在退步，精神状态也开始溃退：吃饭没胃口，考试没动力，沟通不主动，玩耍

没兴趣……最后一次模拟考，小雅谎称自己肚子疼，逃避考试。为此，小雅的父母急火攻心，却又不知所措。

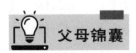 问题分析

吃不下、睡不着、脾气差、不肯考……这些状况就如一声声警报在提醒小雅和父母：小雅已经出现了考前过度紧张焦虑情绪。为什么一直稳定的成绩会在高考前突然大滑坡？作为家长，我们应该如何帮助孩子缓解过度紧张焦虑情绪、助力孩子决胜高考呢？

马失前蹄，是必然还是偶然，是内因还是外因？小雅的状况，其实并非单一原因。如果父母仅仅从"首因效应"出发，以为孩子永远都是"学霸"，成绩傲娇永远都不会"滑铁卢"，就会出现像案例中小雅父母那样错误的做法。小雅考试"马失前蹄"，这对于一直优秀的她而言必然产生心理压力，愧疚、紧张、担忧、面子等问题会蜂拥而至，以致吃不下、睡不着；而吃不下、睡不着又影响了小雅的学习状态，加剧了考试的紧张情绪，成绩当然节节溃退；而考试成绩的节节溃退，又陡增了小雅的紧张焦虑情绪……如此恶性循环，小雅便陷入了死胡同。

溺水者的挣扎，是需要施救者的正确施救方式。小雅父母连珠炮似的责问，全民动员的施救方式，不仅难以缓解小雅的过度紧张焦虑情绪，而且是火上浇油，父母把紧张情绪转嫁到了孩子身上，父母和孩子都受煎熬而计莫能出。而遭受内外夹击的小雅，试问怎能要求她笑看风云？怎能让她成绩止跌反弹？

父母锦囊

———· 成长原理 ·———

不要以为"只要功夫深，铁杵磨成针"。高三的学习模式，尤其是高考前的冲刺模式，会颠覆之前的套路，甚至会颠覆之前的学习成果。决胜高考，是

智商、情商、逆商、身体素质、心理素质等各方面的综合体现。实力出乎意料的"黑马"不乏见，"老猫烧须"（这是一个粤语俚语，形容有经验的人，有时也会出错，本来可以避免的失误却因为大意没有幸免，犯了跟新手同样的错误）也并非传说。原因种种，归结有二。

外因

孩子不是生活在梭罗笔下的瓦尔登湖。来自外部的因素往往会加剧孩子内心的紧张，产生霍桑效应，自觉或不自觉地被众人目光关注而造成"走路变形"情况。外因影响主要体现在两个方面：一方面，社会对高素质人才的需求带来竞争型压力。随着国家的发展和社会的进步，社会对人才的要求越来越高。虽然社会对人才的评价趋于多元化，但学历依然是一个重要的衡量指标。双一流、清华北大、海归、顶尖博士、天才少年等，依然是"今日头条"抓人眼球、白热化的人才竞争，其所输出的压力自然而然地前移到了高中生孩子身上。另一方面，父母、老师或其他人对孩子的过高期望带来的期望型压力。知识本位成了不少家庭教育的背景底色，不少父母会自觉或不自觉地把自己未达成的愿望转嫁到孩子身上，其"远大理想"甚至超出了孩子可承受的限度，而有些学校、老师也会对自己的学生期望过高，有些亲朋好友还会以比较的方式对孩子灌输"成功学"的论调……这些都会让孩子背负生命不能承受之重。

内因

从孩子自身的因素来看，目标过高、看重结果及性格特点都有可能导致孩子产生过度焦虑紧张的情绪。首先，目标过高。"先赚一个亿"，在极少数人看来只是个小目标，但在大多数人眼中却是天方夜谭。孩子所订立的目标，需要与自身的能力相匹配。当孩子感觉自身的能力还不足以实现自己的目标时，甚至用尽"洪荒之力"也摘不到果子的时候，就容易产生过度焦虑紧张的情绪，"再而衰，三而竭"也就理固宜然了。其次，看重结果。看结果是必要的，但是死磕结果就不是必要的。不少孩子在平时测试的时候心态颇为平稳，没有因紧张而失去常态。可是，在面对大考或高考时，却异常紧张，会不断地提醒自己："这一次太重要了，决不能失败！"否则，就完蛋了，并反复地思考、模拟，力求把每一个解题步骤、每个答题的规范动作都做到完美，这就是典型的瓦伦达效应，即过分重视结果，导致自己过度紧张，影响了正常水平的发挥，失败也就不可避免了。再次，易受影响。当你跟一群步速特别快的人一起走路，你的步伐也会不自觉地快起来。情绪亦然，具有传染性，如果孩子是一个容易受他人情绪影响的人，那么，他（她）就容易受到来自周围压力的影响。最后，高原现象。即指在学习或技能的形成过程中，出现的暂时停顿或者下降的现象，在成长曲线上表现为保持一定水平而不上升，或者有所下降，但在突破高原现象之后，又可以看到曲线继续上升。这种高原现象在高三或高考冲刺阶段并不鲜见，有不少孩子经过升跌、震荡、局部调整后会重上高位，也有一些孩子因无法突围而难以止损，结果"风光不再"。

──· 方法指导 ·──

帮助孩子缓解过度紧张，决胜高考，家长可以从以下三个方面着力：

知道"帮什么"

决胜高考不是抓得越多越紧就胜算越大，就如手中之沙，抓得太紧反而适得其反。因此，钢要用在刀刃上，精准高效，树立减法意识。可帮可不帮的就不帮，能帮却无用的不要帮，情况不明了的暂时不帮，帮起来影响大局的慎重帮，没有把握的伺机而帮；心理问题重点帮，学习问题智慧帮，生活保障全力帮……让自己成为一个有底气的"硬核"父母，路见困难不能吼，该出手时就出手，帮助孩子又能让孩子不依赖帮助而"存活"，让孩子成为一个可以自我引导、自我决定、自我发展的成熟个体。

懂得"谁来帮"

如果亲子关系良好，双方沟通顺畅，家长可以亲自上阵，做孩子心灵的按摩师，为孩子决胜高考"降魔伏妖"；如果亲子关系一般，既不疏离，也无冲突，家长可伺机而动，或借力重要他人（如孩子的偶像、信任的老师、亲密的朋友等），多方合力助力孩子决胜高考；当然，如果孩子的过度紧张情绪已超出了家长的可控范围，则需要借助专业人士介入，以专业的知识、专业的技术缓解孩子的过度紧张。

明白"怎么帮"

首先，精准把脉。每个孩子过度紧张的原因不尽相同，我们需要找准原因，方能对症下药。例如，如果是孩子因目标过高而导致紧张，就要帮助孩子调整上限，"跳一跳可以摘到果子"则更为适合。家长可以根据孩子最近几次的考试成绩，按照上浮15%的标准，与孩子共同设立下一次的考试目标；如果孩子是由于过分重视结果而导致紧张失态，则需要引导孩子调整看问题（结果）的角度。"只有半杯水"和"还有半杯水"的差别，不在于水量的多少，而在于人对这半杯水的心态。孩子的过度紧张情绪，往往是"只有半杯水"的心态造成的。所以，家长可以从结果入手，引导孩子以"尽人事"的态度做好准备，以"听天命"的态度对待结果，而家长更不能让孩子以"我想考好成绩，好成绩使我妈快乐"作为目标，撤回奖赏作为筹码，外压减轻，孩子紧张情绪自然就会消失。其次，精准开方。例如，积极的心理暗示，摒弃非理性思维，不要把一次考试的失败灾难化看待，把"必须""应当"的口吻换成"不要紧""慢慢来"的鼓励性话语，把讲"紧张会影响考试发挥"的道理换成讲一次克拉克的故事。因为道理是结论，具有强迫性，缺乏思考性，而故事是人物与情节的交织，充满体验感，具有引导性；鼓励或带领孩子适度锻炼，如慢跑、游泳、做有氧操等，这也是一个行之有效的放松身心的方法，因为适度锻炼能提升大脑皮层神经细胞的灵敏度、耐久力、抗疾病的能力，为每天紧张的复习提供充沛的精力。再次，懂得择机而教，随事而育，找准时间节点，打开"逼仄"的环境，如面对面交谈是一个极利于亲子沟通的方式，一来双方距离适中，二来半放松状态下的氛围使人更容易敞开心扉；又如饭后在小区散步，随意走动时的轻松心情更利于亲子交谈。这些时间或地点家长都容易借着释放的温暖走进孩子的内心世界。

康同学，广东江门市第一中学2004届高中毕业生，江门五邑地区高考理科总分状元，2010年毕业于清华大学建筑系，后赴美国康奈尔大学深造。后在香港工作，任某公司高级建筑师。

这是一份烫金的履历，然而，每个人的横空出世，都有着长久的蛰伏与多方力量的合成。曾经的她，有过高峰，有过低谷，有过紧张，而她父母的助力方式堪称教科书：

第一招：定点。她的父母视野开阔，富有前瞻意识，摈弃"车到山前必有路"的短视想法。认为决胜高考不是只在六月，而是高中三年"一盘棋"。目标不是高三的事，更不是高考后的事，而是高一甚至更前置的事。她父母都是江门三甲医院的骨干医生，父亲最大的遗憾就是与自己的兴趣专业——建筑工程失之交臂，因此，子承父志是她父亲一大愿望。然而，父亲的愿望并非女儿的期待，父母并没有强迫女儿服从命令，而是经过反复论证，多次沟通，充分尊重，最终达成统一意见，立志报考清华大学建筑系，并以此为目标，矢志不渝，齐心协力，一家人把高中三年遥远的距离终于走成了一个点，完成了心愿。

第二招：定位。"代替孩子吃饭"是百害而无一利的事情，她的父母深谙此理。学习上，女儿是主角，他们不会干涉，或怕作业量少而擅自加码，康同学家离学校远，晚修选择在家自修，父母非常支持女儿的决定，不会为女儿远离"大部队"而担忧焦虑；生活上，他们是边锋，适时介入，但不会出现考前"大熊猫"，考后"流浪猫"的极端现象，女儿搭公交车上学回家，甚至周六、日郊游野餐，一概让女儿自己动手；心理上，他们是后防，注重心理按摩，女儿学习压力大，他们就想方设法为她松绑，甚至邀请女儿要好的朋友来家里吃喝玩乐；女儿有所松懈，他们就减少应酬，静静阅读，给女儿营造静心学习的环境，如此张弛有度，开合自然，让女儿安然度过"高原期"。

第三招：定法。不唠叨，不埋怨，不折腾，不懈怠，精准把脉，探求原因，开出处方。例如，康同学在高三时的"广一模"和"广二模"的语文考试中都出了状况，作文审题严重偏离题意，语文成绩罕见创新低，以致一段时期内她一见作文就心慌。她的父母并没有借题发挥，向女儿散布"完蛋论"，而是先共情，理解孩子的困境，再说爱，告诉孩子别害怕，最后才就事论事，重问题，重反思，让女儿找到老师寻找作文偏题的根本原因，并以此为前车之鉴，避开"雷区"。

康同学不是班里最聪明的学生，但她高考考取了888分（标准分）的高分。状元为什么是她？考上清华大学的为什么是她？答案千万种，而她父母助力女儿的正确打开模式，就像万米高空降落伞打开模式一样，迟了不行，早了也不行，"点、位、法"整套动作，一气呵成，这或许才是答案之一。

亲子活动

如果孩子考前出现表内所列的状况，请问你如何帮助其转换成理性、客观、积极的想法？

孩子出现的状况	父母的处理方式（如何帮助孩子转换成理性、客观、积极的想法）	备注
近几次模拟考成绩都不理想，我觉得高考没希望了		
最近以前考试成绩没我好的同学都赶上来了，如果高考比他们差，那会很没面子的		
高考越来越近，我还有好多内容没有复习，完了		
考试时遇到不会做的题会出汗、紧张，思路就完全乱掉		
考试过程中看到旁边同学翻页比自己快会害怕，担心自己做不完		
考试后发现自己的答案和别人不一致会担心自己考差了，后面科目的考试也会想自己考差了		
你们（父母）为我付出了那么多，如果自己考不好对不住你们（父母）		
高考如果没考好，我就完了		

第七单元　如何帮助孩子成为全面发展的人

　　孩子的成长是一道"无理方程"，家长的"定义域"很重要。假如求解"你想孩子成为一个怎样的人"，那么，你的答案就决定了你培养孩子的视域与行动起点，决定了你如何站位、如何借力重要他人等一系列自选动作，并最终解出"被开方式"中的未知数——孩子的正确成长模式。

十九、你希望孩子成为怎样的人

出生于和平年代的"神童"魏永康，17岁就考上中科院硕博连读研究生，可并未如母亲所愿成为科学家，而是因生活自理能力太差等原因被中科院退学；而出生于战火连天时代的袁隆平，在父母的正确引导下最终成为"杂交水稻之父"。两个不同的家庭教育方式，不同的教育观念所培养出来的不同孩子，对我们有何启发？

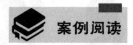

案例阅读

4岁基本学完初中阶段的课程；8岁进入县属重点中学读书；13岁考上重点大学，成为当时湖南省年龄最小的大学生；17岁考上中科院的硕博连读研究生。这个拥有开挂人生的"神童"，名叫魏永康。这一连串的成绩，与魏永康的母亲有着密切的关系。魏母一直坚信"万般皆下品，唯有读书高"。在她看来，儿子的成才就在于将来考博士成为科学家。所以她总是把魏永康关在家里念书，从来不许他出去和同学玩。只要有同学打电话给魏永康，魏母都说他不在家，担心分散他的精力。为了方便儿子读书，魏母20年来寸步不离地陪在儿子身边，照顾他的衣食住行，到了高中还喂饭，到了大学也陪读在身边。然而，魏永康却因生活自理能力太差、与导师沟通有障碍、知识结构不适应中科院的研究模式被退学。

问题分析

魏永康的畸形成长是家庭教育失当造成的。家庭是社会肌体的一个细胞，孩子降生以后，第一所学校便是家庭，第一任教师便是父母。在一定程度上，父母的高度决定了孩子的高度。父母希望孩子成为怎样的人，决定了家长的教育观念和行动起点，这一切对孩子的一生影响深远。所以，你希望孩子成为怎样的人？你又是如何定义孩子的成功的？

"成龙成凤"是中国父母根深蒂固的情结，"不让孩子输在起跑线上"，是大多父母"才下眉头，却上心头"的人生大事。殊不知，"成人"才是"成龙成凤"的基础，教育孩子就得把人性的经纬诸端都教育到了，否则，孩子就会成为一个零碎的、畸形的、不健全的人，极有可能倒在起跑线上。

魏永康的母亲希望自己的孩子能够成为一名科学家，这本没有错；希望孩子好好学习，也没有错。可是，为什么这些美好的愿景却在现实面前碎了一地呢？那是因为她狭隘的人才观，在她的认知里，学习是凌驾于人生诸事之上的唯一。于是她殚精竭虑、越俎代庖，甚至幻想还孩子一个澄清无尘的学习环境，对有可能危及孩子专心学习的"不利因素"严加屏蔽，结果孕育出一个巨婴式的孩子。然而，魏母没有意识到，今生今世，母（父）亲和孩子的缘分就是"不断地在目送他的背影渐行渐远"。孩子终将要离开她走向独立，终将要走向社会与人交往。魏母错误的认知和不当的方法，让孩子"穷"得只剩下学习，使一个天赋极佳的孩子沦为一个四体不勤、五谷不分之人，实在令人叹惋。

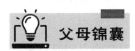

父母锦囊

———· 成长原理 ·———

高中是人生成长的关键阶段，是走向成熟的过渡时期。首先，高中生的成人意识增强，内心渴望能与他人"平起平坐"。他们与父母的关系也发生了微妙的变化，不再像以前一样在心理上依赖父母，对父母过多的保护和干涉开始出现反感情绪。其次，他们的未来意识增强。他们会根据自己当下的能力来评价自己的前途，开始思考"我将会成为怎样的人"等问题。但是，十六七岁的高中生尚处在发展心理学家称之为"寻找自我同一性"阶段，孩子如果从小受到父母过度的保护，或由于学校心理健康教育不同步，都有可能造成其心理成熟滞后，生理与心理、心理与社会性发展不平衡，这种异步性导致他们对理想前途、对将来成为怎样的人都是模糊不清的，他们的理想目标甚至带有一些幻想的性质。因此，应该把孩子培养成一个怎样的人，是每个家长要面对的重要人生考题。

而把孩子培养成一个全面发展的人，是历史使然，也是时代的呼唤。

早在先秦时期，伟大的教育家孔子就通过教授礼、乐、射、御、书、数六门课程，培养具有军事技能、文理科知识、艺术素养以及高尚道德情操的"君子"，即培养具有完善人格的成人；北宋司马光言："凡取人之术，苟不得圣人君子而与之，与其得小人，不若得愚人。"（《资治通鉴·周纪》）强调培养与选拔人才应德才兼备、以德统才；曾任北京大学校长的蔡元培提出要培养具有德育、体育、智育、美育完全人格的人；陶行知认为要培养有科学的精神、审美的意境和高尚的道德修养的全面发展的人；而西方的思想家和教育家，也提出了类似的教育思想，如马克思指出，要实现人的全面发展，即人的体力和智力的全面、和谐、充分的发展，还包括人的道德的发展；夸美纽斯提出了泛智教育的理想，希望使所有人通过接受教育而获得广泛、全面的知识，从而使智慧得到全面的发展；苏霍姆林斯基提出要培养将高尚的道德思想和丰富的科学文化素养融为一体，将社会需求和所做的劳动和谐统一的全面和谐发展的人。

关于培养什么样的人，习近平总书记在2018年9月10日召开的全国教育大会上明确指出，要培养德智体美劳全面发展的社会主义建设者和接班人。2019年6月国务院颁布的《国务院办公厅关于新时代推进普通高中育人方式改革的指导意见》中也明确指出，努力培养德智体美劳全面发展的社会主义建设者和接班人。2019年5月发布的《全国家庭教育指导大纲（修订）》明确提到，15~18岁儿童的家庭教育指导内容要点包括引导儿童树立国家意识、培养儿童法治观念、提高儿童交往合作能力、培养儿童的责任意识、加强儿童美育以及指导儿童以平常心对待升学六个方面。

可见，古今中外，为国育才，培养全面发展的人，是理想，是追求，是诗和远方，古今中外概莫能外。

—— · 方法指导 · ——

如何把孩子培养成全面发展的人？家长可以从以下三个角度切入。

认知层面

首先，要认识自己。以客观冷静的态度审视自己：我曾经想成为怎样的人？我现在又是一个怎样的人？现实中的自己和理想中的自己有没有出入？我为什么要孩子成为这样（或那样）的人？以问题为导向去认识自己。问题是思维的起点，也是思维的驱动力，"每事问"还是两千多年前孔子对自己和学生的要求。当你问自己"你希望孩子成为怎样的人"，实际上表明你已站在不同位置对人生进行重新解读。而你对人生的理解，会潜意识地作用于孩子的教育。家长只有对自己认识清醒，才有可能明确教育孩子的方向。其次，要认识孩子。认识孩子，就要了解孩子的个性，了解孩子的智力差异。加德纳的多元智能理论就为我们开列了八种智力清单，其中包括语言智力、数学逻辑智力、音乐智力、空间智力等。有的孩子想象力丰富却拙于表达，有的行动果敢却缺乏恒心，有的动手能力强却缺乏专注力……家长就要尊重孩子的个性特点或智力差异，不要以一种"应该如何"的理想角色设定去限制孩子。因为孩子所处的环境、认识水平、价值观念和思想方法不同，对自己的角色规范、行为模式的理解也与家长理解不同。所以家长在培养孩子时，要"确认眼神"——这是自己的孩子，不要强迫让自己的孩子变成"别人家的孩子"。不是每一个孩子都能成为"仙童"，不是每一个"魔童"都能被重新定义。家长只有满足了孩子的内心需求，才有可能让孩子的自然禀赋均衡地发展出来，才能化外驱力为孩子成长最深层的内动力，才有可能将家长对孩子的希望变成值得期待的模样。再次，要认识社会。社会发展迅猛，信息吞吐量大，专业岗位高度细化，孩子的个人观念虽然呈现现实化、多样化、明朗化的倾向，但是由于接触社会的机会不多，无法清楚地掌握自己人生的航向。当人工智能都已经开启"谈情说爱"的模式，我们还沉浸在"拿着旧船票登上你的客船"的混沌年代，这显然是陈旧的、不合适的。所以，家长要及时了解社会的变化以及对人才的要求，更新观念，帮助孩子从生理上、心理上、能力上、学历上都做好相应的充分的准备，冷静、理性地审视这个丰富多彩而又瞬息万变的社会，学会将个人理想与国家的发展、现实的奋斗相结合，与时俱进，让孩子健康成长，与社会主流接轨。

行为层面

首先，有正确的目标。我们每走一步都要向着最终要达到的目标，甚至应该"每一步都自有价值"，如果盲目前行，所有方向的风都会成为逆风。家长应把"培养德智体美劳全面发展的社会主义建设者和接班人"作为孩子成长的目标，把培养国家意识放在首位，而不是仅把学习成绩作为奖赏的风向标。每当孩子站在十字路口彷徨时，家长都需要审问自己"我这么选择，适合吗？""我那样引导，可行吗？""我的站位对不对？"只有当航标始终不偏离"准星"，我们的船才有可能到达理想彼岸。其次，有可行的计划。"凡事预则立，不预则废。"培养孩子是个长期而系统的工程，计划要合理合情，体现问题性、主体性、实践性、开放性和可行性。需要顶层设计、统筹安排、步步为营，做到长期计划与短期计划、家长计划与孩子计划、固定计划与动态计划等有机结合、同频推进。再次，有全面的内容。培养全面发展的孩子，要德智体美劳五育并举。德，是为人之根本。引导孩子明大德，守公德，严私德，修身律己，齐家治国。智，是成长之基础。家长特别要呵护孩子的好奇心、想象力和求知欲，不能用"刷题"泯灭孩子的兴趣，摈弃智力与分数画等号的粗粝做法。体，是成长的生理基础。一百多年前毛泽东就在《新青年》中阐述体育锻炼的重要意义，期望国人借此由弱变强，故兹事体大，野蛮孩子的体魄，让孩子远离身体肥胖、动作笨拙、近视高发、免疫力差等"少年病"，实现身心双循环，圆梦家国。美，是提高孩子审美情操的重要途径。家长要鼓励孩子多学些艺术技能，不能让孩子"穷得只剩下分数"，言传身教，让孩子感受美、表现美、鉴赏美和创造美。劳，是生存的基础。"佛系"容易导致形神内卷。家长不要越俎代庖，代替孩子"吃饭"，而应多创设平台，让孩子多实践、多动手、多流汗，增强体质，健全人格，锤炼意志。最后，有切实的行动。目标和计划都只是贴在墙上的东西，没有行动，也就没有了价值。然而，言之易，行之难，家长要以身作则，以实际行动做孩子成长路上的陪伴者和引导者。传递正确信息，践行爱国行为，自觉学法守法，为孩子的思想成长立一面"镜子"。减少不必要的应酬，以实际行动回答"爸爸（妈妈）在这里"。当孩子失去努力的勇气时，家长要在适当的时候托起孩子的"腹部"，帮助他们跨过"隔板（障碍）"；当孩子无法够着"果子"的时候，家长不要把结果都归结为孩子不够努力，要适当降低"梯级"，运用"登门槛效应"，先设立一个小目标，减少攀登的难度和要求，鼓励孩子坚持不懈，拾级而上……陪伴是最长情的告白，用心陪伴远胜于苦口婆心的说教。

情感层面

首先，要懂得关爱。孩子不是一个呆滞的生命，他们需要关爱，可是关爱并不是强光照射，也不是想当然想撒就撒，多了，会"打滑"；少了，会"发涩"；缺了，会"生锈"。如果父母以爱去裹挟孩子，或仅以孩子的成绩作为爱的条件，那么，孩子的行为就容易变形。爱要有度、有法、有序、有恒，不能粗糙，要圆融温润，恰到好处。其次，要理解孩子。处于高中阶段的孩子因其身心发育特点，有很多行为和想法都与家长的期望不一致。家长要尝试换位思考，尝试站在孩子的视域去理解他们，即与之共情。例如，对于孩子的追星、打游戏等行为，大多家长虽然并不认同，但不要一点就着火，动辄就打骂，要"理性的问题理性解决，情绪的问题情绪解决"，学会聆听，争取做个合格的聆听者，通过聆听了解孩子的真实想法，当谴责变为礼遇，就更能引起孩子心灵的震撼，化解不良的情绪，激发孩子的良知和内省。再次，要悦纳孩子。每一个人都是"不一样的烟火"，每个孩子都有优缺点，面对孩子的不完美，我们不要抡起大刀"斫其正删其密"，更不要在与"巨人"比高度、与"飞人"比速度中让孩子失去信心。我们要辩证地对待孩子，进而明确培养孩子的方向和途径。

经验之谈

从小立志学农，毕生守望稻田，"上天下地"全能，游泳排球皆通……这位德智体美劳全面发展的典范，就是"杂交水稻之父""共和国勋章"获得者袁隆平。袁隆平一生致力于杂交水稻技术的研究、应用与推广，为我国粮食安全、农业科学发展和世界粮食供给做出了杰出贡献。他的成功，离不开良好的家庭教育，离不开父母超常的育儿理念。

第一，以身作则，厚植家国情怀。袁隆平的父亲是一位正直爱国的知识分子。日寇占领平汉铁路时，他毅然投笔从戎，参加了冯玉祥将军领导的西北军，在抗日烽火中成长，以身作则，为国尽忠。袁隆平的母亲则寓德于故事中，她讲狐狸吃鸡的故事，教导袁隆平要节制自己的欲望；讲岳飞的故事，培养袁隆平的爱国情怀……父母的言传身教，给年幼的袁隆平镌刻了红色的印记，使他从小便种下了立志报效祖国的种子。

第二，尊重孩子，树立大局意识。袁隆平父母虽然也希望孩子能成龙成凤，考上南京名牌大学，学好数理化，走遍全天下，而袁隆平偏钟情于探索自然的奥秘，热衷于学农，做农民，这和父母的期待相悖。但开明民主的父母并没有抡起大棒让袁隆平改志逆向，而是尊重他的意愿，这才奠定他成为"杂交水稻之父"的人生轨迹。

教子有方（高中版）

136

第三，培养兴趣，树立全面发展观念。袁隆平曾是空军预备班的一员，差点成为空军飞行员；他是游泳健将，差点进入国家队；他是大学合唱团的成员，他的小提琴拉得滴溜溜转，悠扬琴声陪伴他走过艰苦而又漫长的科研生涯……如此多才多艺，全面发展，放到今天，也无疑是"鸡娃中的战斗机"。而这一切，离不开他父母教育的高站位、宽视野，这种教育观在颠沛流离的时代，显得难能可贵。

"喜看稻菽千重浪，最是风流袁隆平"。把孩子培养成全面发展的"霸屏"人物是多数家长的梦想，可并非每个孩子都是袁隆平，因为，孩子的成长和家庭教育从来都不可复制和粘贴！但是，袁隆平留给我们的话题，除了他那让人们远离饥饿的伟大梦想外，还应谈谈成就他梦想的肥沃土壤，即家庭教育，尤其是他父母那全面发展的育儿观。

 亲子活动

结合自身实际情况，完成以下表格：

我是一个怎样的人	我希望孩子成为怎样的人	我的孩子当下状况和我的期待值有哪些出入	我打算怎样帮助孩子成为我所期待的人

二十、在助力孩子成长的过程中，如何定位家长的角色

全方位介入的妈妈，常年缺席的爸爸，父母教育的不同频最终导致小馨出现心理问题；再忙也不能丢荒孩子的梁启超，书写了一门三院士、满庭皆才俊的教育佳话。父母不同的角色定位，会给孩子带来不同的教育效果。在孩子的成长中，家长应该站哪里？应该怎么站？

 **案例阅读**

自从进入高中之后，小馨的妈妈就对小馨高度聚焦、格外关注，不仅每天询问她在学校的情况，还隔三岔五地打电话向班主任了解。考试成绩退步了，即使退步了一名，小馨的妈妈都会立马打电话给科任老师询问情况，并擅作主张给小馨买练习册，加大作业量，并要求小馨每周汇报交友、社团活动等一切情况。小馨除了服从，不敢有任何微词，否则，家里又将是一场"血雨腥风"。

小馨的爸爸是商人，经常奔波于北上广等大城市，一年到头难得有照面机会，更甭说陪伴、关心小馨的成长了。小馨遇到的思想、生活抑或学习上的问题，她都只能独自消化，因为爸爸帮不上忙，而妈妈只会帮倒忙。

开学一个月后，小馨晚上睡觉就开始失眠，白天上课听不进去，一听到老师讲课大脑就嗡嗡作响，一看到作业本就头晕目眩，一看到试卷就一片空白；情绪波动很大，经常瞬间"晴转多云"，一会又"雷电交加"。

 **问题分析**

小馨的心理问题源于父母在教育过程中的角色定位不当。父母在教育过程

中如何定位自己的角色？站在哪里？如何站？站得怎样？这个"站位"将影响其对自己孩子的教育行为及教育效果。所以，作为家长，我们在助力孩子发展的过程中，应该如何定位自己的角色呢？

小馨的妈妈从学习、交友、兴趣等各个方面全面掌控着小馨，孩子没有自主的空间，这属于典型的命令型家长。不可否认，小馨的妈妈出发点也是为了孩子好。然而，教育并非一厢情愿。父母的教育与孩子的需求要"对上嘴型"，教育才有可能开花结果。否则，会颗粒无收或收获苦果。

小馨的爸爸长期忙于工作，鲜有时间教育小馨，父亲角色缺位，属于放羊型家长。小馨的心理问题在一定程度上与她父亲的缺位有关。形影相吊，苦乐随己，无人指路，无人倾听，无法宣泄，这都在孩子的心中埋下了一颗"定时炸弹"，积压到一定程度就会爆炸。

父母锦囊

———·成长原理·———

青春期的孩子有两个变化：生理变化和心理变化。生理变化体现在身高上，心理变化凸现在独立性上。孩子身高的变化会带来视觉的变化，从之前对父母的仰视变为平视甚至俯视，这会给旧有的子弱父（母）强的从属性相处模式带来冲击；而独立性的增强，即心理表现中的认知独立性，更是从思维上改变孩子以往对父母的依赖和顺从，不人云亦云，有自己的观点和想法。换言之，"我的青春我做主"是孩子自己的觉醒与呐喊，从某种意义上说，这也是孩子走向成熟的必经之路。孩子变化的背后，总有一些理由，例如认知观念、社会互动、情绪情感等的影响，如果家长能了解孩子这种独立性需求的转变，并能调适好自己的位置，从"前锋"变为"边锋"或"后卫"，相信即使"青春期遇上更年期"，也不至于出现"火星撞地球"的状况。

基于此，家长和孩子的相处模式要重置，可能重置方式各异、站姿不同，但是，家长要避免成为以下三种角色：

命令型（专断型）家长，会把自己的孩子当成扯线木偶，要求孩子无条件地顺从，案例中小馨的妈妈之谓也。她们总是以"过来人"的身份，打着"为你好"的旗号，灌输着"你还小，不懂事，听我的没错"的观念，阉割孩子的精神成长。长期渐染这种教育观念，孩子容易产生紧张、焦虑，甚至恐惧的情绪，形成自卑、胆怯的性格；容易因惧怕失败而变得消极、退缩；容易因避免受到惩罚而变得爱说谎；容易因长期的负面情绪挤压而形成叛逆心理；容易因长期丧失话语权而缺乏独立思考能力和产生依赖心理。

放羊型家长，大多因工作、生活等原因疲于奔命，心力不足，缺感情、缺时间、缺沟通，与孩子是两条平行线，案例中小馨的爸爸之谓也。长期缺乏父母教育关爱的孩子，心灵是沙漠，容易形成任性、自我、散漫的性格。

溺爱型家长，这类家长则画风突变，多作"俯首甘为孺子牛"之态，没有原则地满足，没有条件地答应，孩子是父母的"晴雨表"，父母是孩子"打怪升级"的"狙击手"，孩子长成了"巨婴"：家长帮孩子挑选补习班，帮孩子决定"兴趣"的内容，帮孩子挑选游学地点，帮孩子解决同学矛盾……孩子没有"填空题"，只能做"选择题"，孩子在一次次被越俎代庖之中失去了觅食的本领。一旦放飞，社会的丛林法则会让孩子无法适应、不知所措，甚至无法承受，从而产生伤心、失望甚至绝望的情绪。比尔·盖茨说过："培养孩子的独立性，不是让孩子仅仅具有独立的意识和态度就够了，必须让孩子自己去经历，让他自己扫除障碍。只有这样，孩子才能学到相应的知识和技能，才能用各种有效的方式去自行解决问题。"

"孩子所有的反应都是父母的折射"，因此，最正确的打开方式，就是做平等型（民主型）的家长。这类家长有儿童视角，爱而不溺，严而不苛，时时有关爱，事事讲原则。他们尊重孩子，或许并不同意孩子的观点，但能坚决捍卫孩子说话的权利；他们鼓励孩子要有自己的独立思考，"尽信书不如无书"，会与孩子研究各种"解题"方式，会给孩子提出合理建议，但最终决定权在孩子手里；他们会关注孩子的举动，在适当的时候扶一把、推一把、拉一把，但绝不会一直背着、抱着、捧着。在这种家庭环境中成长的孩子，更容易有安全感、情绪稳定、性格开朗，有独立自主能力和坚强的意志力。

站位准，才会思路清、方向明。在助力孩子成长的过程中，家长要定位好自己的角色，可以从以下三点入手：

转变观念是核心

因为观念决定了家长的"站位""站姿"。父母给了孩子生命，但孩子并不是父母的附属品，孩子也有自己独立的人格，也应该被尊重。孩子不是我们的"后篇"。有些家长，为了让孩子专心学习，强迫孩子放弃自己的兴趣爱好，删除生活中的一切"小欢喜"，但是，这种做法往往会让孩子的成绩更糟糕。家长要做到把自己的旧观念清零，以一个引导者、陪伴者的身份，去感受孩子的生活点滴，去体会孩子的喜怒哀乐，才有可能以和谐的亲子关系助力孩子的成长。如果你曾经是一个命令者，那么，请多蹲下身子聆听孩子的想法；如果你曾经是一个施溺爱者，那么，请你"坐船头"让孩子"大胆地往前走"；如果你曾经是一个放羊者，那么，请多陪伴孩子，给予充分的引导和帮助。

有效陪伴是基础

陪伴儿女长大，是每个父母的必修课，一个有陪伴、严家教的父亲，一个有修养、能独立的母亲，是孩子身心健康发展的双翅。然而，不是所有陪伴都是长情的，也不是所有陪伴都是有效的，陪伴的效度，必须要有"三心"。一是有心，即心的专注度。有效陪伴从不以时间长短来衡量，而是心的专注度。如果孩子在书房攻坚克难，而家长却在客厅天南海北，这种陪伴是高耗低效甚至是无效的。把手机关掉，把电视关掉，开启亲子阅读时光，全心全意投入陪读中，以实际行动去影响孩子的学习，日积月累，慢水深藏，便能水到渠成。二是用心，即心的深度。陪伴不是显性的告知，而是隐性的表白。陪读不是监工，不是孩子写作业、阅读的时候，自己就坐在旁边像"拿摩温"一样监督，或者隔三岔五就打断孩子的安静作业时间；甚至连孩子多上两趟厕所、瞥一眼电视都要拉响警报……这样会让彼此焦虑，孩子更是"虚不受补"，难以集中精神学习，甚至对学习丧失内驱力。三是恒心，即心的韧度。这个世界上能轻而易举做到的，只有贫穷和衰老，有效陪伴显然不在其中。与柏拉图能坚持"每天甩手三百下"一样，陪伴有时候看似简单的事情，其实际的意义并不在于事情本身，而在于做这件事情的过程既是对家长的意志品质的修炼，更是对孩子全力打call（加油、打气）的最好注脚。一如既往地做好陪伴这件简单的事情，是坚持，更是无声胜有声的暗示，时间长了，即使在无人监督与无人苛责之下，孩子也会养成慎独的品质，成为家长期待的人。

民主平等是关键

孩子到了高中，不少家长感觉跟孩子越来越难以沟通，主因有三点。一是语言不同频。当孩子满嘴都是人艰不拆、C位出道、硬核、很燃等网络语言时，家长却像"来自星星的你"，沟而不通。二是话不投机。当家长始终把学习、学习、再学习排在聊天的前三位的时候，就会成为话题的终结者，难以听到孩子的"下一回分解"。三是方式不匹配。有些家长要么喜欢唠叨，要么喜欢比较，要么就是"官宣"……这些都会引起孩子的反感情绪，甚至屏蔽掉父母的话，拉黑父母的微信。虽然，我们都是第一次当父母，大多父母都想把自己的经验、知识等倾囊相授，确保为孩子选择一条最保险、最正确的道路。结果，让孩子跟着自己，从头再走一遍自己的路。然而，孩子大多不买账，有的"在沉默中爆发"，有的"在沉默中灭亡"。只有民主平等的家庭环境，才能让孩子全方位发展，我们倡导做"平等中的首席"，要有所为有所不为，遵循"三少三多"原则：一是少唠叨多倾听，倾听孩子的想法和需求，让孩子感受到你对他的关注和尊重；二是少比较多鼓励，多发现孩子身上的闪光点，多肯定孩子的想法和做法，让孩子感受到你对他的欣赏和鼓励，感受到他就是你亲生的；三是少命令多建议，当孩子与父母的观点不一致时，不要急于否定孩子的想法，要耐心地与孩子交换意见，给予孩子适当的建议，让孩子感受到你与他之间的平等交流；当孩子遇到困难时，多为孩子出谋划策，但不强制孩子采纳，让孩子感受到你对他的帮助。

经验之谈

梁启超很忙，忙公职，忙出差，忙学术……一年到头也没多少时间陪在子女身边。但是，梁启超从不缺位父亲角色，他以书信的方式，不仅陪伴了孩子的成长，培养孩子成才，更成就了中国家庭教育的神话！

梁启超写给子女的书信，对我们家长的角色定位有很大的启发。第一，爱就要大胆地说出来。中国家长大多怯于对孩子表白。但梁启超对孩子说："你们须知你爹爹是最富于情感的人，对于你们的爱情，十二分热烈……"没有高高在上的权威、仙气，大声把爱说出来，有着"孩子迷"般的烟火气息。第二，提出建议，尊重孩子选择。梁启超最初希望女儿梁思庄学生物，但是梁思庄对生物兴趣并不大。于是，梁启超写信给梁思庄："凡学问最好是因自己性之所近，往往事半功倍……我所推荐的学科未必合你的式，你应该自己体察做主，不必泥定爹爹的话。"没有勃然大怒，没有断绝"供给"，只是建议，而决定权却交还孩子。第三，鼓励为主，正向引导。梁思庄考试成绩不理想，梁启超写信鼓励她："成绩如此，我很满足了。因为你原是提高一年，和那按级递升的洋孩子们竞争，能在三十七人中考到第十六，真亏你了。好乖乖不必着急，只需用相当努力便好了。"既有直面现实的勇气，又有充满温暖的诗和远方。

亲子活动

面对以下的情境，你平时是怎么做的？以后你会怎么做？

情境	你平时的做法及效果	你以后的做法及原因
孩子在家经常玩手机		
孩子最近心思全花在课余爱好上，影响了学习		
孩子最近的学习成绩波动很大		
孩子最近跟某个异性同学交往过密		
……		

　　你还可以在表格上填写平常与孩子相处过程中所遇到过的其他情境，反思你曾经的做法及效果，设想日后遇到同类情境你将如何考虑，如何调整做法。

二十一、如何利用"重要他人"帮助孩子成为全面发展的人

如果小孩在学校出了问题,家长可以求助于谁?受欺凌小男孩的妈妈不知所措,而他的老师则懂得向网民们求助,圆满地解决了问题;"女班干"陷入早恋,父母善于求助老师,结果使孩子的生活恢复正轨。网民、老师、同学等都可以成为孩子成长过程的"重要他人"。家长该如何发挥他们的作用,让孩子健康成长?

 案例阅读

近期,一则《小学生被霸凌,整个大学出来"护短"……》的消息刷屏。消息讲述了美国佛罗里达州阿尔塔蒙特小学要举办"大学色彩日"活动,一个非常内向的小男孩想支持自己喜欢的田纳西大学,却没有钱买田纳西大学的校服。于是,这个小男孩自己设计了一个标志钉在衣服上去参加活动。没想到遭到同学的嘲笑和讽刺,男孩备受打击。

当男孩再次被欺负并求助妈妈的时候,这位妈妈除了感到自己是位"失败的妈妈"之外,却"根本不知道该怎么办"。

侥幸的是,小男孩的老师知道后,把小男孩的故事发到网上求助。没想到网友纷纷声援小男孩。田纳西大学更是倾巢而出"护短",把小男孩设计的图案做成官方T恤,赚到的利润悉数捐出,用于反学校霸凌行为,以实际行动支持并致敬小男孩的梦想!

 问题分析

面对儿子在校园被欺凌,小男孩的妈妈只会愧疚自己的"失败",而没有

想到借力"重要他人"——老师。而小男孩的老师却截然相反，懂得在网络上发出求助动态，得到了众人的声援与帮助，让事情有了圆满的结局。所以，在孩子的成长过程，要善于发挥"重要他人"的作用。那么，什么是"重要他人"呢？家长应该如何看待"重要他人"的作用？又该如何借力"重要他人"助孩子成长呢？

小男孩的妈妈没想到借力小男孩身边的"重要他人"，可能是没想到"重要他人"有重要的作用，也可能是她不想借力"重要他人"，还可能是她不知道如何借力"重要他人"。如果她能够凭借一己之力，力挽狂澜，帮助儿子走出困境，也无可厚非。但事实却是，儿子无助，母亲无措。

幸运的是，小男孩遇到一位懂得借力"重要他人"的老师，帮助他圆满地解决了问题。正所谓"好风凭借力，送我上青云"，助力孩子的成长与发展，就需要有借力的智慧。

·成长原理·

"人的本质不是单个人所固有的抽象物，在其现实性上，它是一切社会关系的总和。"（《马克思恩格斯选集》）集群性是人类最显著的特性之一。在正常情况下，我们的孩子从一出生就"降落在繁复细密的人际关系网"，他们的认知和理解、情绪体验以及各种外显行为等，都是互相联系、彼此影响的。所以，孩子的成长过程不可能是一座孤岛，他们不可避免会遇见各种各类的人，比如助产士、亲人、同伴、老师、偶像，甚至是只有一面之缘的路人甲。这些人都有可能成为孩子的"重要他人"。所谓"重要他人"，指的是对个体的社会化过程具有重要影响的具体人物。这个概念是由美国社会学家米尔斯提出来的。

"重要他人"为什么能够影响我们的孩子？第一，从孩子的学习特点来看，模仿是孩子学习的一种重要方式，孩子通过模仿他人而获得语言、技能、价值观、行为、经验等；第二，从孩子的自我认知方式来看，孩子一般会通过自我评价或他人评价来认识自己，而处于青春期的孩子，尤其在意他人的评价，他人的评价甚至会改变其言行方式；第三，从孩子的发展特点来看，这个时期孩子的合群性发展特别突出，同性别年龄的朋友对其影响很大。

"重要他人"对孩子有着深远的影响，这种影响有三个特点。一是隐性。"重要他人"对孩子的影响不是直接的，而是无形地渗透，了无痕迹却又无所不在，"孟母三迁"便是这个道理。二是持久性。这种影响一旦发生，对孩子的影响可能是长期的，甚至是终身的。东京奥运会的跳水冠军张家齐因5岁时与郭晶晶合影后，便发奋向她学习，以她为榜样，最终获得成功。三是两面性。"当你被赐以荒野时"，你可能会成为一只高飞的"鹰"，也可能会沦为一只遁地的"兔"。"重要他人"类若被赐的荒野，它对孩子的影响不一定只是正面的、积极的，也有可能是负面的、消极的。所以，家长要注意全面看待"重要他人"的作用，避免片面化思维。

在发挥"重要他人"作用、助力孩子成长的时候，家长要避走三类盲区：一是观念上的盲区。不少家长认为孩子教育是家庭势力范围之事，信奉关起门来教育孩子，不知道"重要他人"有什么作用，全凭自己的说教或夫妻双方的"单打"和"混合双打"取胜。二是认知上的盲区。某些家长喜欢贴标签，而且容易贴错标签，这是过于概括的一种极端方式。或许基于自己的有限视角，或许基于孩子成长过程中某次"不幸"遭遇，例如受到他人影响而导致不好的后果，结果以偏概全地否定这类或那类人，觉得"这（那）种人"对孩子的成长毫无价值。三是方法上的盲区。不知道如何发挥"重要他人"的作用，要么是"徘徊不敢走进门"，不重视甚至不信任"重要他人"，害怕用；要么是"勃然大怒，放一把火烧光"，教育逞匹夫之勇，相信自己的"伐兵"胜于他人的"伐谋"，拒绝用；要么是"欣欣然接受一切"，将孩子完全交给"重要他人"，自己做起了"甩手掌柜"，全盘用。这些做法都是有失偏颇的，我们要"运用脑髓，放出眼光，自己来拿"，家长只有主动挑选，智慧运用，取得孩子成长过程中合适的"重要他人"的配合、支持，才能发挥"重要他人"的良好功效。

学会借力，用好"重要他人"，助力孩子成长，家长要注意三个维度：

第一，适合，即选择适合之人

不是所有的"灰姑娘"都能穿上水晶鞋，也不是所有的"重要他人"都能助力自己的孩子成长。要发挥"重要他人"的积极作用，前提是要"度身订做"，选择适合的人，这就要考虑两个因素：首先，这个"重要他人"是能够发挥正向的积极作用，是"自带光环"的。孟子之所以能够在母亲的"三迁"中成就"亚圣"的神话，那是因为"三迁"的"重要他人"——孟子接触的街坊邻里、同龄人等，他们能够带给孟子正向的影响。当然，"重要他人"并不是一个通体发光的人，但家长要懂得引导孩子学会逐光而行。其次，这个"重要他人"跟孩子有相似性。不是所有优秀的人都是孩子的"菜"，也不是所有"灰太狼"孩子都讨厌。人际交往中有一条重要的原则——相似性原则，正所谓"物以类聚，人以群分"。我们的潜意识里喜欢和自己有相似性的人，尤其内在相似性高的人会对孩子产生更为重要的作用，让孩子有归属感和安全感。选择跟孩子有相似性的人，孩子就会产生信赖，这种信赖有助于孩子肯定自己的信念、个性品质和价值观，起到正面强化的作用。

第二，适时，即讲究契机性

教育不应"逆风飞扬"，而应顺势而为。例如，父母与孩子无法达成一致意见时，家长可以求助于孩子信赖的老师、朋友、亲戚等"重要他人"，释放"内热"，让他们润滑、调和亲子之间的关系；当家长面对个性倔强的孩子时，家长不要针尖对麦芒，可以适时借助孩子敬畏的长辈来一句激励的话，或孩子崇拜的表哥来一个自身的励志故事，或孩子喜欢的老师来一次走心的长谈，或孩子亲密的同伴来一个热情的拥抱，都有可能突破教育的瓶颈；当孩子沉迷于追星时，家长不要抡起棍棒，而应发挥偶像的积极作用。例如可以学习那些热心公益乐善好施的名人，也可以跟孩子聊聊他喜欢的央视《中国诗词大会》中的优秀同龄人，聊聊《觉醒年代》里为追求真理、燃烧理想的一群热血青年，如毛泽东、李大钊、陈延年等。自己成为其粉丝，与孩子就有了情感基础、信任基础和共同话题，就能处处有先机，无处不教育；当孩子跟你聊起同学或朋友的时候，如王同学这次考试成为最大的"黑马"，李朋友"升级打怪"所向披靡……家长则可以顺手拈来，因势利导，不急于表态，可以先了解孩子的看法，并发表自己的看法，提出合理的建议，给孩子及时的引导。总而言之，"重要他人"的作用要发挥好，绝不是父母头脑发热时的"金箍棒"或走投无路时的救命稻草，而是下一整盘棋时的突然"将军"，抓准时机，一击即中，实现教育的目的。

第三，适度，凡事忌过犹不及

利用"重要他人"也需要保持适度原则。不能"过"，家长如果过分依赖"重要他人"，把"重要他人"看成包治百病的"灵丹妙药"，这是本末倒置的做法；"不及"也是错误的，家长如果不善于借力"重要他人"，教育孩子全靠自己，那就有可能事倍功半，或者临时抱佛脚，沉疴用猛药，这种功利性的做法更是要不得。教育需标本兼治，不是"搞死"孩子，而是打通孩子的"任督二脉"。当我们想要借力"重要他人"时，家长可以思考四个问题：怎样借力"重要他人"最恰当？怎样借力"重要他人"最有效？怎样辩证处理我和"重要他人"的关系？怎样融合我和孩子各自心目中的"重要他人"？当家长厘清了这些问题，就明晰了发挥"重要他人"助力孩子发展的适度的内涵。

经验之谈

我曾教过一个非常优秀的女班干，是师生心中的"名牌"。可是，出人意料的是，她却过早地摘了"青苹果"，而早恋的对象就更令人讶异——闻名全级的一个学习后进生。

刚开始的时候，家长并不信赖他人，包括任班主任的我，他们认为家丑不外传，傲娇的女儿不能形象坍塌。因此，家长在震怒之余，果断地采取了一系列强硬措施：身为厂长的父亲主外，实行全接送制度；身为工人的母亲干脆辞职不干，主内，在家24小时全程监控。

这种简单粗暴的做法，引燃了女儿的不满情绪，她扬言要出走，信中公然挑衅父母说："学校的门口四通八达，你堵得了前门，也堵不了后门，你堵得了后门，也堵不了我爱他的心。"父母愤怒之余，更多的是茫然无措！

侥幸的是，箭在弦上，家长始终不敢乱发，他们终于放下面子，向我紧急求助，在他们轮番的"控诉"中，我了解事情的来龙去脉：原来，由于父母工作繁忙，无暇他顾，内向文静的女儿外表坚强内心脆弱而孤独；而颇有"心计"的男孩导演了一幕晚修归家时"英雄救美"的好戏，从此赢得女孩的芳心。知悉情况，我并没有快刀斩乱麻，而是不公开、不批评、不指责，采取双线结合（父母为暗线，我为明线）、虚实相生（父母为虚，我为实）的策略，以朋友的方式代入，让该生"移情别恋"，我陪她谈心，陪她逛街，陪她吃饭……最后，我作为知心姐姐成功取代了她的男朋友，她也和父母重归于好！

"教育的成功和失败，'我'是决定性因素，身为老师，我具有极大的力量，能够让孩子们活得愉快或悲惨。"（［美国］古诺特）确实，孩子成长的过程中，并非鲜花载道，总有曲折性甚至离奇性，而老师是孩子学龄期间的"重要他人"，学生有乐于接受教师教诲的"向师性"。本案例中的家长，危急关头急刹车，能够放下面子，主动沟通，发挥班主任这个孩子"重要他人"的作用，最终合力把孩子引回正常轨道！

亲子活动

尝试制作"重要他人导图"，思考如何在实践中利用"重要他人"帮助孩子成长。说明：

1. 灰色圆圈内填写的是孩子出现的问题，最好填写当前你的孩子所出现的最让你感到头疼的问题。

    2．白色圆圈内填写的是可利用的"重要他人"。

    3．白色方框内填写的是该"重要他人"能够发挥的作用。

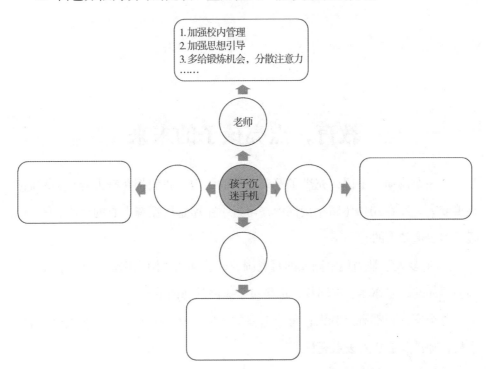

教育，点亮孩子的未来

　　"一个流动的中国，充满了繁荣发展的活力。我们都在努力奔跑，我们都是追梦人。"在2019年新年贺词中，习近平主席这段振奋人心的话语，不知温暖了多少追梦人的心。

　　"追梦人"是当代中国人的写意画，"流动的中国"则是当代中国的工笔画。国如此，家亦然。中国梦，也是每个家庭的瑰丽梦想。

　　每个家庭，都有追梦人；每个追梦的家庭，都应焕发着盎然的生机。而这生机，却需要追梦人去点亮！

　　当然，不是所有的梦，都是金色的！眼下只要提到家庭教育，不少家长都会感到迷茫困惑："我真是太难了！"家长为孩子的成长操碎了心，陪着写作业，陪上辅导班，既关心孩子吃穿，又操心学习，还担心学得累不累……然而，效果并不尽如人意，甚至出现"剃头挑子一头热"的状况。教育的低效甚至无效，往往会引发家庭矛盾。那么，问题到底出在哪里？

　　问题的根源在于教育理念。很多家长把孩子当成自己的"产品"，按照规划的蓝图"捏"成自己想要的模样，还冠以"为你好"的美名。然而，成人是家庭的事，成才是孩子的事，每一个孩子都是不可复制的鲜活个体。尤其是处在青春期的中学生，他们会放弃视自己的父母或老师为权威人物，会试着挑战家长传统的权威地位，使得亲子之间容易发生冲突，如果此时家长还持惯性思维，要求孩子无条件地服从，家长也许会遭遇教育的"滑铁卢"。所以，家庭教育最好的模样，是帮助孩子成为他自己。这就需要"点亮"教育：点亮自己，照亮他人；点亮他人，照亮自己。家长不要单方面地为了孩子奉献和付出，抱着牺牲心理去舍弃自己的幸福生活和精彩人生，把人生梦想一厢情愿地寄托在孩子身上，而是要点亮孩子的心灯，让孩子找到自我增长点，实现人生增值；还要在教育孩子的过程中重新认识自己，在与孩子共同成长中重新发现自己，在亲子共处中体验人生的幸福与圆满。

如何"点亮"？具体来说，我们可以从以下三个方面入手：

第一，"是什么"比"做什么"重要，家长要做"更好的自己"，用自己精彩的人生点亮孩子的未来。研究结果显示，对孩子成功影响最大的，不是父母为孩子做了什么，而是父母是怎样的人。一些家长嘴上说一套，行动上做的是另一套。教育孩子要爱读书，自己却从不读书；教育孩子努力学习，自己转身就跑出去玩。孩子看在眼里，自然有样学样。所以，要做好家长，一定要从"点亮自己"开始，做好孩子的表率，用自身去影响孩子。言传身教，胜过苦口婆心的一味说教。

第二，"怎么学"比"学什么"重要，做聪明的"教育投资人"，培养孩子未来社会生活必备的素养和能力。社会发展已经证明，许多被认为不可能被替代的行业都逐渐被新兴行业取代，还有一些职业在未来可能会自动消失。在今天，我们要让孩子学习的，不是未来难以替代的职业技能，而是如何不断学习面对各种可能的挑战能够迎刃而解的能力，即培养孩子的核心素养。只有这样，才能决胜未来。

第三，家风建设比财富积累重要，让家庭变成"学研行"组织，做好家庭发展规划和文化建设。家庭要想建设好，首先就要做好发展规划。通过召开家庭会议，畅谈家庭的未来，确定努力的方向，找到实现的路径，明确个人的责任；要重视家庭的文化建设，包括家风建设、良好的学习氛围、和谐的家庭关系、健康的家庭活动和生活习惯、积极的对外人际关系等；在"点亮教育"理念下实施"学研行"组织建设。所谓"学研行"组织建设，是一个包括学习、研究、行动"三位一体"的循环往复、螺旋上升式的闭环结构，倡导"以行定研，以研定学，以学促行"。具体来说就是，其中的教育成员通过学习，把握教育规律，认识自身不足。通过研究，进一步找到问题本质，寻求解决问题的途径。通过行动来完善自我，并影响其他人，共同进步。家庭可以看作一个"学研行"的基本组织。家庭成员通过持续不断的学习，掌握孩子的成长规律，发现孩子成长中的问题。进一步研究，或研读资料，或沟通商量，找出问题的原因，找到解决的办法。接下来，全家人一起行动起来，进行必要的改变，让孩子教育的问题得到解决。借助"点亮教育"的"学研行"组织建设，帮助家庭形成良好的解决问题的方法，增进家庭成员之间的沟通与理解，进而改善家庭成员的心智模式。掌握了"学研行"的方法，能够在家庭中让学习成为一种需要，让研究成为一种生活方式，让行动成为一种习惯，最终大家相互点亮、共同成长。

习近平总书记在给青少年学生的讲话中多次提到，要为学生点亮理想的灯，照亮前行的路！这是总书记对青年人的嘱托，也是对每个家庭、每个教育者的期待。无论是家庭还是学校，我们都应该携起手来，把教育当成点亮自己、点亮孩子的事业，共同创造家庭、民族和祖国的美好未来！